FELICIDADE

OBRAS DO AUTOR PUBLICADAS PELA EDITORA RECORD

Com a maturidade fica-se mais jovem
Demian
Felicidade
Francisco de Assis
O jogo das contas de vidro
O Lobo da Estepe
A magia de cada começo
Sidarta
A unidade por trás das contradições: religiões e mitos

HERMANN HESSE
FELICIDADE

TRADUÇÃO DE LYA LUFT
PREFÁCIO DE MARCO LUCCHESI

3ª edição

EDITORA RECORD
RIO DE JANEIRO • SÃO PAULO
2023

CIP-BRASIL. CATALOGAÇÃO NA PUBLICAÇÃO
SINDICATO NACIONAL DOS EDITORES DE LIVROS, RJ

H516f Hesse, Hermann, 1877-1962
      Felicidade / Hermann Hesse ; tradução Lya Luft ; prefácio de Marco Lucchesi. - [3. ed.]. - Rio de Janeiro : Record, 2023.

      Tradução de: Glück
      ISBN 978-65-5587-420-4

      1. Ensaios alemães. I. Luft, Lya, 1938-2021. II. Lucchesi, Marco III. Título.

23-83515   CDD: 834
                             CDU: 82-4(430)

Meri Gleice Rodrigues de Souza - Bibliotecária - CRB-7/6439

Título original:
Glück

Copyright dos textos de Beschwörungen © Suhrkamp Verlag, Berlim 1995,
Copyright dos textos de Gedenkblätter © Suhrkamp Verlag, Frankfurt 1962,
Copyright dos textos de Späte Prosa © Suhrkamp Verlag, Berlim 1951,
Copyright dos textos publicados aqui pela primeira vez © Suhrkamp Verlag, Frankfurt 1973.

Texto revisado segundo o Acordo Ortográfico da Língua Portuguesa de 1990.

Todos os direitos reservados. Proibida a reprodução, no todo ou em parte, através de quaisquer meios. Os direitos morais do autor foram assegurados.

Direitos exclusivos de publicação em língua portuguesa somente para o Brasil adquiridos pela
EDITORA RECORD LTDA.
Rua Argentina, 171 – Rio de Janeiro, RJ – 20921-380 – Tel.: (21) 2585-2000, que se reserva a propriedade literária desta tradução.

Impresso no Brasil

ISBN 978-65-5587-420-4

Seja um leitor preferencial Record.
Cadastre-se no site www.record.com.br
e receba informações sobre nossos
lançamentos e nossas promoções.

Atendimento e venda direta ao leitor:
sac@record.com.br

EDITORA AFILIADA

Sumário

Prefácio **7**
Descrição de uma paisagem 13
Segredos 27
Felicidade 43
Vivência em um Alpe 57
Cotidiano literário 61
Horas na escrivaninha 67
A palavra riscada 75
Lembrança de André Gide 81
Duas experiências de agosto 89
A gralha 95
Sobre a velhice 103
Sobre a palavra "pão" 107
Marcha fúnebre 111
O pequeno limpador de chaminés 121
Escritos e escrever 127
Lenda chinesa 137

Prefácio

Marco Lucchesi

HERMANN HESSE FOI O MELHOR companheiro de minha adolescência. Não me terremotou, como Dostoievski. Não me abalou como Clarice. Não me feriu como Nietzsche. Mas parecia responder, melhor do que ninguém, aos movimentos sutis de minha inquietação. Sinto que alguns capítulos hessianos, como que por usucapião, já me pertencem. E de modo definitivo. Deixaria de compreender boa parte de meus desvãos, sem a obra-prima *O jogo das contas de vidro*, com sua piedade cósmica, e seu amplo sentido da história.

Hesse criava uma sede interminável de horizontes.

Deixaria de compreender outra parte de mim, se não houvesse meditado a terrível e comovedora *deseducação* do jovem Demian, quando sonhávamos, ele-personagem e eu-leitor, com a plenitude da vida, a força dos sentidos e aquele compromisso impiedoso: *quem quiser nascer, terá que destruir o mundo*. Demian, para mim, sentia o futuro como sendo mulher. Tinha saudades do futuro. E o futuro seria Eva.

Minhas lágrimas e minhas sombras terminariam com Eva. Nos seios do futuro.

De todos os romances de Hesse, *Sidarta* foi mais fundo, e meu mundo de então, com seus abismos e entusiasmos, não conseguiria sondar a linguagem dos rios, a sucessão das gentes, a apologia da impermanência. Tudo passava, mas nada era em vão. Somente o que não permanece — como disse Quevedo — é o que permanece. Tremia pelo tempo e abominava a morte. Sidarta, ao contrário, ensinava-me a celebrar a vida. O mundo era um grande rio, e o curso das águas seguia, incessantemente, o seu destino. Era-me essencial descobrir onde. Era-me essencial descobrir quando. Os livros de Hesse não diziam onde e quando. Mas a duração e o espaço podiam emergir tão somente de minhas próprias águas.

Tal o grande mérito de Hesse: que a angústia de seu tempo e de sua vida comunicam com a de nosso tempo e de nossa vida. Poucos terão exercido sobre o seu público uma tão grande, embora involuntária, influência. Poucos terão confirmado essa vocação literária tão visceral quanto Hermann Hesse.

Prova do que dissemos pode ser apontada neste livro encantador, onde surpreendemos o escritor em casa, na oficina, trabalhando em sua geografia lírica e sentimental, mas, como sempre, desprovido de todo e qualquer sentimentalismo. Trata-se de um livro despojado. Um livro de sábio. De quem deve começar a esquecer. Esquecimento e sabedoria formam um todo. O capítulo "Felicidade", que é urdido segundo um andamento clássico, forma esse todo, iluminado por um lirismo delicadíssimo, que remonta à primeira novela, que se chama *Peter Camenzind*: "Para o verdadeiro ser humano, íntegro, inteiro e intacto, o mundo se justifica e Deus se justifica incessantemente através de milagres como este: que além do frio da noite e do fim do período de trabalho exista algo como a atmosfera vermelha no crepúsculo e as fascinantes transições do cor-de-rosa ao violeta, ou algo como as mutações do rosto de uma pessoa, quando, em mil transições, é recoberta, como o céu noturno, pelo milagre do sorriso; ou que existam as naves e janelas de uma catedral, a ordem dos estames no cálice da flor, o violino feito de madeira, a escala de sons, algo tão inconcebível, delicado, fruto do espírito e da natureza, racional e ao mesmo tempo suprarracional e infantil como a linguagem."

Outra passagem notável, o encontro entre Hesse e André Gide: Ambos se consideravam irmãos na literatura e no mundo. Uma angústia avassaladora consumiu boa parte de suas vidas, enquanto buscavam por todas as latitudes, geográficas e metafísicas, uma adesão irrefutável que lhes infundisse uma vontade de viver, uma possibilidade permanentemente adiada, e todavia, mais e mais desejada, de perscrutar as pulsões de morte, atraídos pelo vórtice dos seres e do mundo, como quem salta nietzschianamente abismos. Palavras de Hesse sobre Gide: "Era o olhar quieto de um rosto controlado e habituado a viver em sociedade, um rosto bem-educado, mas em seu olhar e na tenacidade com que fitava o seu objeto via-se a grande força que dominava a sua vida, que o levara para África, Inglaterra, Alemanha e Grécia. Esse olhar, esse estar aberto e deixar-se atrair pelos milagres do mundo, era capaz de amor e compaixão, mas também não era nada sentimental: apesar de toda a entrega tinha algo de objetivo, seu fundamento era a sede de conhecimento."

Mas Hesse parece estar falando de si mesmo, escritor-nômade, atraído pelo Oriente, pela *Viagem ao Oriente (Morgenlandfahrt)*, criador de páginas memoráveis sobre a Índia, em *Aus Indien*. E não faltam sequer ao *retrato* as palavras *compaixão e conhecimento*, que batem insistentemente à porta de *Sidarta*.

Neste Gide, portanto, todo Hesse.

O que mais podemos apreciar neste *Felicidade* é a presença do cotidiano. De quem acaba de receber Gide, com a roupa de jardineiro, e a barba feita às pressas. De quem cultiva rosas e conversa com os pássaros. De quem vive, como poucos, uma solidão comunicativa, e que não se faz de rogado para responder a seus leitores, com uma franqueza e com uma coragem, como raramente encontramos na vida literária. Ouçamos algumas destas cartas: "Voltando ao tema do suicídio, tão atraente para a juventude: várias vezes recebi cartas de leitores dizendo que estavam mesmo na iminência de se matar quando lhes caiu nas mãos esse livro que os libertara e iluminara, e agora estavam novamente subindo a montanha. Mas sobre o mesmo livro que podia ter tal poder curativo, o pai de um suicida me escreve uma acusação grave: meu livro, três vezes maldito, fora daqueles que nos últimos tempos andavam na mesa de cabeceira do pobre filho, e era o único responsável pelo acontecido. Pude responder a esse pai indignado que ele não levava bastante a sério sua própria responsabilidade pelo filho, uma vez que a transferia para um livro; mas levei bastante tempo para 'esquecer' a carta desse pai, e está-se vendo como a esqueci."

Vemos aqui o analisado Hermann Hesse, conhecedor das obras de Freud e de Jung, ocupado com o princípio de individuação e com a psicologia profunda. O esquecimento que não esquece. A carta ao pai e a carta do pai. Quantas repercussões em sua biografia, em seu percurso.

Ou ainda: "A respeito de outro de meus livros escreveu-me, nos tempos em que a Alemanha chegara quase ao auge da curva da sua febre nacionalista, uma mulher de Berlim: um livro tão ignominioso como o meu teria de ser queimado, ela trataria disso, e toda mãe alemã saberia afastar seus filhos dele. Caso realmente tivesse filhos, essa mulher sem dúvida os impediu de conhecerem meu ignominioso livro, mas não os impediu de sofrerem a devastação de metade do mundo, de chapinharem no sangue de vítimas desarmadas, e todo o resto."

Uma resposta cortante. Hesse jamais se recusou, mesmo na solidão mais intensa, a enfrentar as contradições de seu tempo e, para além de partidos e diretrizes, o seu velho humanismo — no qual Oriente e Ocidente não mais comparecem distanciados — jamais deixou de condenar o nacionalismo exacerbado e cruel, de que todos foram vítimas, como disse Dostoievski na *Recordações da casa dos mortos*.

Melhor do que tudo, certamente, é a celebração da literatura, essa vocação que salvou Hesse de si mesmo, de seu pietismo protestante inicial, que o levaria, por desespero e necessidade, a conhecer novas paragens, outras visões de mundo, outros sistemas de representação, que se tornaram, afinal, a matéria indispensável de sua obra. A literatura como forma de conhecimento. Como possibilidade. A literatura como princípio de individuação. E de vida. *Felicidade* traz essa marca. Esse desafio. Esse nada que é tudo.

Descrição de uma paisagem

HÁ UMA SEMANA MORO NO andar térreo de uma grande casa, em um ambiente inteiramente novo, uma paisagem, sociedade e cultura que eu não conhecia. E como de início estou muito sozinho neste novo mundo, e os dias de outono no silêncio de meu espaçoso gabinete se tornam muito longos, começo estas anotações como um jogo de paciência. É uma espécie de trabalho; confere uma aparência de significado a meus dias solitários e vazios, e, pelo menos, é uma ocupação que faz menos mal do que o trabalho importante e bem pago de muita gente.

Este lugar fica bem perto da fronteira do cantão e da língua do lado latino. Estou aqui como hóspede de um amigo que dirige um sanatório e moro perto da instituição, que provavelmente conhecerei melhor em breve, conduzido pelo médico. De momento sei pouco a seu respeito, nada além de que fica num belo parque amplo, uma antiga propriedade senhorial, num imenso edifício que parece um castelo, de bela arquitetura, contendo vários pátios internos e pacientes, funcionários, médicos, enfermeiras, operários e empregados, e que eu, que moro numa casa vizinha, pouco ou nada vejo ou ouço desses muitos moradores.

No verão isso há de mudar, mas agora, em novembro, ninguém vem sentar-se em um dos verdes bancos de jardim, e quando, várias vezes cada dia, dou minhas breves caminhadas ou vou até a casa do outro lado indagar alguma coisa no escritório ou entregar correspondência, nos caminhos do jardim e nas escadas amplas, corredores, praças de cascalho e pátios, quando muito encontro aqui ou ali uma enfermeira apressada ou um mecânico ou jardineiro, e a enorme construção jaz num completo silêncio, como se ninguém a habitasse.

O amplo edifício da instituição, nossa pequena casa com dois quartos onde, médicos atendiam algumas edificações mais modernas com cozinha, lavanderia, garagens, estábulos e várias oficinas, junto com grandes plantações, canteiros e estufas da jardinagem, ficam no meio de um vasto parque com ar imponente, feudal e também um pouco coquete. Esse parque, cujos terraços, veredas e escadas descem da casa senhorial para a margem do lago, tem sido a minha paisagem e o meu mundo enquanto não consigo dar caminhadas mais longas, e a ele dedico por enquanto a maior parte de minha atenção e meu afeto.

Os que o plantaram parecem ter sido orientados por duas tendências, ou melhor, duas paixões: a paixão por uma distribuição plástica romântica do espaço em relvados e grupos de árvores, e a de plantar belas árvores, bem agrupadas mas também diferentes, exóticas e raras. Aliás, até onde posso ver, isso parece ter sido costume nas propriedades senhoriais desta região, e além disso o último dono e morador da casa principal deve ter trazido esse amor por plantas exóticas da América do Sul, onde possuía plantações e exportava tabaco.

Embora essas duas paixões, a romântica e a botânica, eventualmente se contradigam e briguem entre si, a tentativa de sua reconciliação ficou quase perfeita em muitos aspectos, e caminhando por esse parque em breve ficamos mais encantados e satisfeitos com a harmonia entre plantas e arquitetura, visões surpreendentes e nobres perspectivas do lago ou da fachada do castelo que ficou às nossas costas. Às vezes somos atraídos pelas plantas em si, seu interesse botânico, sua idade ou sua vitalidade, e levados a uma observação mais detida de cada uma.

Isso já começa na casa, onde sobre o terraço superior, em semicírculo, viceja uma série de plantas do Sul em imensas tinas, entre elas uma laranjeira ricamente ornada de brilhantes e gordas frutinhas, sem dar nenhuma impressão de desagrado ou sofrimento como essa que em geral se vê em plantas transferidas para um clima estrangeiro, mas, com seu tronco firme, coroa redonda e frutinhas douradas, parece absolutamente satisfeita e saudável. Não longe dela, um pouco adiante, mais perto da margem, chama a atenção uma planta magnífica e forte, antes um arbusto do que uma árvore, mas que não se enraíza num vaso e sim no solo natural, ostentando frutinhas duras e arredondadas parecidas com as laranjinhas. É um arbusto espinhento raro, sisudo e defensivamente enroscado em si mesmo, impenetrável, com muitos troncos, e as frutas não são douradas como as laranjas-anãs. É uma coroa-de-cristo muito velha, muito grande, e mais tarde, seguindo em frente, encontramos aqui e ali outras parecidas.

Ao lado de um teixo e de árvores da família dos ciprestes, com silhuetas impressionantes, às vezes bizarras, vemos ali, solitário e talvez um pouco melancólico mas forte e sadio, um baobá parecendo sonhar em sua impecável simetria, trazendo como sinal de que sua solidão não o pode atingir, algumas pesadas e maciças frutas nos ramos mais altos. Além dessas raridades cuidadosamente espalhadas no gramado, isoladas, expostas à contemplação e admiração, existem outras árvores que sabem que são interessantes, por isso despidas de parte de sua inocência, uma série de árvores não raras mas que, por artes dos jardineiros, se transformam, se tornam requintadas e sonhadoras, principalmente salgueiros-chorões e bétulas, nobres princesas de cabelos longos da época sentimental, entre elas um grotesco pinheiro enlutado cujo tronco a partir de certa altura se retorce com todos os galhos, e quer retornar para as raízes. Surge com essa dobradura antinatural do tronco um telhado pendente, denso, uma cabana ou caverna de pinheiro em que uma pessoa pode entrar, desaparecer e morar como se fosse a ninfa dessa árvore singular.

Entre as mais belas árvores de nossa preciosa plantação há alguns magníficos cedros antigos, o mais belo deles toca com os ramos superiores a coroa de um carvalho de tronco forte, a mais velha árvore da propriedade, muito mais antiga do que o parque e a casa. Também há algumas árvores-mamute muito amplas, que se estendem mais para os lados do que para o alto, talvez forçadas pelos ventos muitas vezes gelados e fortes. Para mim, a árvore mais magnífica de todo o parque não é uma dessas nobres estrangeiras, mas um velho e venerável choupo prateado, altíssimo, que pouco acima do chão se divide em dois troncos imensos, cada um deles podendo ser, sozinho, o orgulho desse parque.

Ainda ostenta toda a sua folhagem, que vai de um cinza-prateado até uma rica escala de tons castanhos, amarelados, até rosados, entrando num pesado cinza-escuro, conforme vento e luz brincam em suas folhas, mas cujas cores têm sempre algo de metálico, rígido e duro. Quando um vento forte brinca com essas gigantescas coroas gêmeas, e, como acontece ainda nesses primeiros dias de novembro, o céu ostenta um profundo azul estival ou se cobre de nuvens escuras, o espetáculo é palaciano. Essa veneranda árvore seria digna de um poeta como Rilke ou um pintor como Corot.

A imagem e o ideal de estilo desse parque são ingleses, não franceses. Quiseram construir uma paisagem aparentemente natural e nativa, em tamanho pequeno, e em alguns lugares essa ilusão quase funciona. Mas já a cautelosa consideração com a arquitetura e o cuidadoso tratamento do terreno e sua inclinação para o lago mostram claramente que não se trata de natureza e plantas silvestres, mas de cultura, espírito, vontade e criação. E agrada-me muito que ainda hoje tudo isso nos fale nesse parque. Ele talvez fosse mais belo se ficasse um pouco entregue a si mesmo, um pouco negligenciado e selvagem. Então haveria capim nos caminhos e avencas nas frestas das escadas de pedra e nas molduras, a relva teria musgo, os enfeites estariam arruinados, tudo falaria do impulso natural de geração aleatória e aleatória decadência, a vida selvagem e o pensamento da morte teriam acesso a esse nobre e belo mundo, a gente veria galhos caídos, cadáveres e pedaços de árvores mortas cobertas de trepadeiras.

Mas aqui nada disso se percebe. O forte espírito humano, que planeja tudo tenazmente, e a força de sua cultura, que outrora projetaram e plantaram esse parque, ainda hoje o controlam, o mantêm e cultivam, e não permitem que a vida selvagem, o desleixo e a morte deem aqui um único passo.

Nem capim brota nos caminhos nem musgo nos relvados, nem o carvalho tem permissão de entrar excessivamente com sua coroa por entre os ramos do vizinho cedro, nem os caramanchões, as árvores-anãs e os chorões podem esquecer a compostura e escapar da lei que as formou, podou e torceu. E onde caiu uma árvore levada por doença, velhice, tempestade ou peso da neve, não permaneceu a desarrumação da morte e o novo crescimento caótico, mas em lugar da criatura que tombou já uma pequena árvore recém-plantada, resistente e composta, com dois, três ramos e algumas folhas sobre um canteiro redondo, introduz-se obediente em toda aquela ordenação, e tem a seu lado uma vara limpa e sólida que a apoia e protege.

Assim uma obra da cultura aristocrática manteve-se aqui em um tempo totalmente diferente, e a vontade do fundador, aquele último proprietário, que presenteou com sua propriedade uma instituição benemerente, é respeitada e ainda comanda. A ela obedecem o alto carvalho e o cedro, bem como a plantinha jovem e magra presa ao seu apoio, a ela obedece a silhueta de cada grupo de árvores, e uma pedra memorial digna e clássica eterniza essa vontade no último terraço do jardim, que separa um derradeiro e amplo ramado da margem de juncos e da água.

E também o único ferimento visível que um tempo brutal abriu nesse belo microcosmo, em breve há de sarar e desaparecer. Durante a última guerra um dos relvados mais altos teve de ser lavrado e transformado em plantação. Mas o espaço vazio já aguarda pá e ancinho para apagar aquela intrusão grosseira e semear novamente a relva.

Acabo de dizer algumas coisas sobre o meu belo parque, e esqueci mais do que consegui registrar. Fiquei devendo um elogio aos bordos e castanheiros, não mencionei as opulentas glicínias de grosso tronco nos pátios internos, e antes de todos eles eu deveria ter pensado no maravilhoso olmo que cresce perto de minha casa, entre ela e o edifício principal, mais jovem porém mais alto do que o venerando carvalho do outro lado. Esse olmo brota da terra com um tronco firme e grosso mas desde o começo buscando altura e elegância, depois de um breve e enérgico impulso abrindo-se em uma multidão de galhos que sobem aos céus como um chafariz que se divide em muitos jatos, e espirra, esguio, alegre e desejoso de luz, até seu feliz movimento ascendente repousar em uma alta coroa de bela redondez.

Se nesse território ordenado e cultivado não há espaço para o primitivo e o selvagem, mesmo assim os dois mundos se defrontam por toda parte nos limites da propriedade. Já no momento em que foram plantados e cuidados, os seus caminhos que desciam com doçura terminavam na areia e no pântano da rasa margem de juncos, e recentemente receberam como vizinha, de maneira muito mais evidente, a natureza indomada e entregue a si mesma.

Há algumas décadas, quando se instalaram canais ligando os lagos da região, baixaram em alguns metros o espelho desse lago e com isso ficou seca e exposta uma larga faixa da antiga margem. Como não sabiam o que fazer com essa faixa, deixaram a natureza agir livremente, e agora viceja um matagal em parte ainda pantanoso, que se estende milhas a fio, desgrenhado e um tanto mirrado, um jângal nascido de sementes trazidas com o vento, álamos e bétulas, salgueiros, choupos e várias outras árvores que lentamente transformam o leito arenoso do lago em solo de mato. Também se vê aqui e ali o sinal de pequenos carvalhos, que não parecem se sentir muito à vontade nesse chão. E imagino que no verão aqui floresçam muitos tipos de cana, capim prateado e aquelas orquídeas altas e fiapentas que conheço dos campos pantanosos do Bodensee.

Esse trecho selvagem ainda oferece abrigo a muitos animais. Além de patos e outras aves aquáticas, moram aqui também galinholas, garças e cormorões, vi cisnes voando e anteontem vi dois veados saírem daquela mata e atravessarem um dos extensos gramados de nosso parque em pequenos saltos brincalhões.

Tudo isso que acabo de descrever ou apenas enumerar, todo o parque bem-cuidado com a jovem mata nativa no terreno úmido, parece toda a paisagem, mas na verdade são apenas as redondezas de nossa casa. Se me ponho a andar por um quarto de hora nesses caminhos, tudo isso é realmente uma unidade, um pequeno mundo limitado, que, assim como um parque numa cidade grande, nos basta por algum tempo, nos alegra e pode substituir a natureza restante. Mas tudo isso, parque, jardim, pomar e cinturão de mata, é, na verdade, apenas antessala e degrau que levam a algo muito maior e mais único.

Se percorremos as belas veredas que descem da casa, debaixo de altos olmos, choupos e cedros, passando pelos opulentos cones das sequoias cujos troncos grossos cor de canela se erguem tão cálidos e abrigados atrás da tenda dos galhos pendentes e elásticos, passando pelo baobá, pelo salgueiro--chorão e a coroa-de-cristo até a margem do lago, só então nos deparamos com a verdadeira e eterna paisagem cujo caráter não é beleza nem interesse, mas grandeza: uma paisagem ampla, aberta, simples e incalculavelmente extensa.

Atrás da vegetação castanha dos juncos da margem que balançam e dançam no vento, estende-se o lago de muitas milhas, cor do céu quando o tempo é calmo, e de um azul--esverdeado escuro como gelo de geleiras quando há tempestade; e do outro lado (caso não ocorra, como em muitos dias, que o além permaneça oculto num nevoeiro cinza e opala), as montanhas baixas e compridas do Jura desenham suas linhas calmas mas enérgicas diante do céu que é infinito sobre essa amplidão aparentemente quase plana.

Desde meus tempos no Bodensee nunca mais vivi numa paisagem assim, e isso faz quase trinta e cinco anos. Amplidão de lago e mar, aroma de água e piche, juncos ondulantes, passos na areia úmida da margem, sobre mim no céu infinito as nuvens e alguns pássaros — como amei tudo isso outrora! Depois, sem me dar conta direito, sempre vivi em paisagens mais próximas das montanhas mais elevadas, cujo caráter era a solidez com contornos precisos, que não constavam, como aqui, sobretudo de céu, ar, névoa, vento e movimento.

De momento não estou interessado em meditar e interpretar, ou poderia fantasiar muita coisa bela sobre esse retorno do estático para um universo dinâmico. Retornam e falam comigo novamente em uma linguagem inesquecível o ilimitado, o aquático, o úmido, o espelhante, o enevoado e desvendado, o eternamente mutável e cambiante de um universo em que água e céu dominam todo o resto. Muitas vezes fico parado longo tempo diante da margem, chapéu na mão e vento nos cabelos, soprado pelos perfumes e sons da juventude, diante de um mundo que me contempla, me analisa e observa como um pai olha o filho que volta de uma longa peregrinação, sem sentir minha longa ausência como infidelidade.

O permanente parece estar sempre fitando o transitório com certa superioridade que paira entre zombaria e tolerância, e assim eu, velho homem, me sinto analisado e observado por essa vastidão úmida e fria, tolerado com um pouquinho de ironia, sem me sentir humilhado. Cada novo encontro com terra e natureza é semelhante, pelo menos para nós, os artistas: nosso coração gosta de se aproximar do elementar e aparentemente eterno, pulsa com o ritmo das ondas, respira com o vento, voa com as nuvens e os pássaros, sente amor e gratidão pela beleza das luzes, das cores e dos sons, sabe que pertence a eles, é seu parente, e mesmo assim jamais recebe, da eterna terra e do eterno céu, outra resposta senão aquele olhar indiferente, vagamente zombeteiro do grande para o pequeno, do velho para a criança, do duradouro para o efêmero.

Até que, seja em obstinação seja em humildade, em altivez ou em desespero, opusermos a linguagem ao silêncio, o temporal e mortal ao eterno, e da sensação de pequenez e transitoriedade nasça o sentimento altivo e desesperado do ser humano, do mais remoto porém mais amoroso, mais jovem porém mais alerta, do mais perdido porém mais sofredor filho da terra. E, vejam só, nossa impotência se desfaz, não somos nem pequenos nem birrentos, nem mesmo desejamos nos unir com a natureza, mas defrontamos a dela com a nossa, a sua duração com a nossa mutabilidade, o seu silêncio com a nossa fala, a sua aparente eternidade com nosso saber que morreremos, a sua indiferença com nosso amor e nosso coração que sabe sofrer.

Talvez pensem que esbocei de maneira interpretativa essa paisagem grandiosa e mágica, maravilhosamente plástica em seus tons outonais. Mas ainda não terminei. Além da terra camponesa plana e pesada, dos muitos jardins e parques, da margem do lago, do anel de mata que atinge quase todo o horizonte e das colinas do Jura que se estendem alongadas, mais uma coisa pertence a essa paisagem, mais uma coisa domina e fala nela: as montanhas, os Alpes.

Na maior parte dos dias não os podemos ver nesta época do ano, ou apenas aparece por meia hora ou uma hora inteira além das colinas algo branco, azul ou rosado, um triângulo ou quadrado que parece ser nuvem e mesmo assim revela, por momentos, que é de outra matéria e estrutura, recua mais um pouco no vasto horizonte e ao mesmo tempo anula essa impressão de ser ilimitado, pois ali, apenas aludido pelo azul ou pelo cor-de-rosa, existe algo firme, uma fronteira, uma muralha. E duas vezes pelo crepúsculo vi não apenas essas vagas e isoladas figuras de montanhas, mas avistei iluminada em tons vermelhos com sombras azuis a fileira de montanhas que me é tão familiar, das terras altas de Berna, o Jungfrau no centro.

Desenhava-se na distância onde habitualmente tudo se desfaz em luz e névoa e céu sobre as colinas uma fronteira, um contorno muito delicado mas decidido, algo brilhava até cair o sol em uma luz macia e sorridente e apagava-se e então desaparecia inesperadamente, e, por mais que estivesse encantado e feliz com tudo isso, o olho não sentia sua falta, tão sobrenatural e quase irreal fora a sublime visão.

Mas chegou um dia em que inesperadamente fui destinado a ver uma imagem totalmente diferente, nova, impressionante dos Alpes. Era domingo, antes da refeição eu dera o breve passeio que minhas forças me permitiam, voltara cansado, almoçara, tirara os sapatos e me deitara no divã; algumas cartas me esperavam havia vários dias, e depois eu queria ler um dos contos de fadas dos irmãos Grimm (ah! quantas dádivas, que continuam a florescer depois de um século, esses irmãos deixaram ao seu povo!), já começara a refletir na resposta a uma das cartas, mas não tinha me adiantado muito nessa tarefa, e começara a cochilar.

Logo depois bateram brandamente à minha porta, o breve sono não era profundo, e entrou o doutor para me dizer que iria dar um passeio de carro com seu filhinho, e me convidava a participar. Aprontei-me depressa, entramos no carro e subimos a colina do Jura, famosa pela sua vista dos Alpes. Logo atravessáramos a planura com grandes plantações de beterrabas e muitas árvores frutíferas; vinhedos bem-cuidados com videiras plantadas em linha reta e a espaços iguais cobriam a encosta sul das colinas, depois a estrada começou a subir entre a mata com folhas de faias castanhas, o fresco verde dos pinheiros e larícios de um amarelo outonal, e uma breve viagem nos levou a uma altura de mil metros mais ou menos. Lá atingimos o cume, a partir dali a estrada corria quase plana. Subimos ainda alguns passos numa encosta quase nua, e a vista dos Alpes, dos quais já tínhamos visto alguns recortes no último trajeto da estrada da colina, mais adivinhados do que vistos, nos ofereceu uma visão gigantesca e na verdade assustadora.

Todo o vale do lago e as terras baixas eram invisíveis, mergulhadas no nevoeiro ainda denso que ocultava tudo quase inteiramente aos nossos olhos, movendo-se de leve aqui e ali como se respirasse, revelando por vezes um pedacinho de terreno, mas, em geral, dando a impressão de absoluta imobilidade. Se a gente olhasse por algum tempo, podia-se ter a ilusão de que o lago, na verdade invisível, se estendia ali embaixo por centenas de milhas até o pé daquela montanha colossal que se erguia no céu além daquele mundo nebuloso, nítida e nua.

Dali não se vê um grupo de montanhas ou algumas montanhas, mas o todo, todos os Alpes da extremidade leste do país até seus últimos picos e suas gargantas na Savoia, o espinhaço da Europa estendendo-se como um imenso peixe, um mundo claro, frio, estranho, até amargo e ameaçador, de pedra e gelo, num azul frio e hostil com pequenas superfícies íngremes aqui e ali bem iluminadas, cuja luz e neve reagiam de maneira fria, cristalina, lúcida e quase absurda. Gigantesca, muda, gélida, severa barricada no meio de nosso mundo, erguia-se dura e afiada como uma faca, hirta como um cortejo de lava de cem milhas de comprimento, a cadeia dos Alpes no frio céu outonal.

Foi com uma espécie de terror, uma sensação misturada de susto, frio e felicidade como ao receber um jato de água muito fria, que reagi a essa visão, e doía e fazia bem, ao mesmo tempo me alargava e me esmagava. Assim como depois de um dia de trabalho diário antes de dormir ainda abrimos uma janela e do cotidiano, do gasto e do abrigado, do excessivamente habitual, lançamos um olhar sobre o céu invernoso em que rebrilham as frias estrelas, assim de nossa crista de colina que, com sua estrada e o hotel, casas de veraneio e capela dava uma impressão bastante confortável e domesticada, lançávamos o olhar sobre aquele vasto lago de névoa para aquela coisa enorme, estranha, hirta e irreal.

Um pouco mais tarde, quando aquela primeira intensa impressão se acalmara um pouco, lembrei inesperadamente um quadro de um pintor. Porém não era Hodler nem Calame, nem nenhum dos nossos grandes pintores dos Alpes, mas alguém de um tempo muito anterior à descoberta dos Alpes, o velho pintor de Siena, Simone Martini. Há um quadro dele em que um cavaleiro se dirige solitário para a distância e a vastidão, e, atravessando obliquamente o quadro, estende-se uma montanha nua e calva, dura e aguçada, espinhenta e pontuda como o lombo de uma perca.

(1947)

Segredos

AQUI E ALI O ESCRITOR e possivelmente várias outras pessoas sentem a necessidade de afastar-se por uma hora das simplificações, dos sistemas, das abstrações e outras mentiras parciais ou completas, e contemplar o mundo como ele realmente é, portanto não como sistema complicado mas afinal previsível e compreensível de conceitos, mas como uma mata virgem de segredos belos e terríveis, sempre novos, totalmente incompreensíveis, que ele é.

Vemos diariamente, por exemplo, os chamados fatos do mundo nos jornais, planos, previsíveis, reduzidos a duas dimensões, as tensões entre Leste e Oeste, a análise do potencial bélico japonês, a curva do índex até a afirmação de um Ministro de que a imensa dinâmica e periculosidade das mais novas armas de guerra terá de nos fazer depor essas armas ou transformá-las em arados. E embora saibamos que nada disso é verdade mas é em parte mentira em parte malabarismo profissional com uma linguagem divertida, inventada, irresponsável e surrealista, essa imagem do mundo, diariamente repetida, mesmo que se contradiga de maneira crassa de um dia para outro, acaba nos dando uma certa sensação engraçada ou apaziguadora. Pois de momento na verdade o mundo parece plano, previsível e sem mistério algum, docilmente submetido à explicação que venha ao encontro dos desejos do assinante. E o jornal é apenas um dos milhares de exemplos, ele não inventou a mentira do mundo e o fim dos segredos, nem é o seu único praticante e aproveitador.

Não. Assim como o assinante, depois de ler depressa o jornal, saboreia por um momento a ilusão de por vinte e quatro horas estar informado sobre o mundo, e que no fundo nada de importante aconteceu que os redatores inteligentes já não tenham previsto em parte no exemplar de quinta-feira, da mesma forma cada um de nós imagina e mente para si mesmo todos os dias e todas as horas que a floresta dos segredos é um belo jardim ou um mapa plano e previsível, o moralista com ajuda de suas máximas, o religioso com ajuda de suas crenças, o engenheiro com ajuda de seus cálculos, o pintor com ajuda de sua paleta e o poeta com ajuda de seus modelos e ideais.

E cada um de nós vive contente e apaziguado em seu mundo de aparências e em seu mapa, até que uma represa rompida ou alguma terrível compreensão de repente o faça sentir que a realidade, o tremendo, o terrivelmente belo ou terrivelmente pavoroso desabam e o abraçam e arrebatam fatalmente, sem saída.

Esse estado, essa iluminação ou esse despertar, essa vida na realidade nua jamais dura muito tempo, pois carrega em si a morte, sempre que ataca uma pessoa e a lança no tremendo redemoinho ela dura exatamente o tempo em que alguém a pode suportar; depois termina com a morte ou com a fuga desabalada de volta para o não real, o suportável, o ordenado, o previsível. Nessa zona suportável, morna e ordenada dos conceitos, dos sistemas, dos dogmas e das alegorias, vivemos nove décimos de nossa vida.

Assim o homem simples vive satisfeito, tranquilo e ordenado, ainda que talvez se queixe muito, em sua casinha ou seu apartamento, tendo um teto sobre a cabeça e um chão debaixo dos pés, mais abaixo ainda uma consciência do passado, seu futuro e seus antepassados que foram e viveram quase todos como ele; e por cima de si além disso uma ordem, um estado, uma lei, um direito e um exército — até que tudo isso desaparece num instante, e se despedaça, teto e chão se transformando em fogo e trovão, ordem e direito em derrocada e caos, sossego e conforto em sufocante ameaça de morte, até que aquele mundo aparente tradicional, digno e confiável, explode em chamas e fragmentos, e nada resta senão o monstruoso, a realidade.

Podemos chamá-la de Deus, essa coisa monstruosa e incompreensível, o terrível, cuja realidade é tão convincente, mas o nome nada ajuda em termos de compreensão, explicabilidade e suportabilidade.

O reconhecimento da realidade, que é sempre apenas momentâneo, pode ser causado pelas bombas numa guerra, portanto por aquelas armas que, segundo palavras de muitos ministros, um dia nos forçarão, pela sua própria fertilidade, a transformá-las em arados. Para o indivíduo muitas vezes basta uma enfermidade, uma desgraça acontecida perto dele ou uma momentânea alteração em seu estado de vida, acordar de um pesadelo duro, uma noite insone, para que se defronte com o implacável e por algum tempo ponha em dúvida toda a ordem, o conforto, a segurança, a fé e o saber.

Agora basta: todos conhecemos isso, todos sabemos como é, mesmo que só uma vez ou duas tenhamos roçado essa experiência e pensemos ter conseguido esquecer novamente o ocorrido. Mas essa experiência jamais é esquecida, e mesmo quando a consciência a recobra, a filosofia ou a fé a disfarçam com sua mentira, o cérebro se livra dela, mesmo então ela se ocultará no sangue, no fígado, no dedo grande do pé, e infalivelmente um dia voltará a se apresentar com todo seu frescor e permanência.

Não pretendo filosofar longamente sobre o real, sobre a floresta virgem dos mistérios, sobre o numinoso e outros nomes que a experiência pode ter, pois isso é profissão de outras pessoas, e nunca podemos nos admirar demais com o inteligente espírito humano que conseguiu isto: transformar o quase incompreensível, o único, o demoníaco, o insuportável, em uma filosofia, com sistemas, professores e autores.

Não tenho capacidade nesse campo, nem consegui realmente ler os especialistas do enigma da vida. Apenas porque acontece, porque a hora me leva a isso, gostaria de anotar, do cotidiano de minha profissão, sem tendência nem ordenação, algumas coisas sobre a relação do escritor com as mentiras da vida, e também sobre o relampejar dos mistérios através das paredes dessas mentiras.

Acrescento mais: o escritor como tal não está mais próximo do mistério do mundo do que outras pessoas, como os demais não consegue viver nem trabalhar sem um chão debaixo dos pés ou um teto sobre a cabeça, e sem estender em torno de sua cama um denso mosquiteiro de sistemas, convenções, abstrações, simplificações e achatamentos. Também ele, exatamente como um jornal, cria uma ordem e um mapa do trovejante escuro do mundo, prefere viver no plano a viver no multidimensional, prefere ouvir música a explosão de bombas, e em geral ao escrever dirige-se a seus leitores com a cultivada ilusão de que exista uma norma, uma língua, um sistema que lhe possibilite transmitir seus pensamentos e suas vivências de modo que o leitor possa partilhar relativamente delas, e apossar-se delas. Habitualmente ele faz como todo mundo, executa seu ofício tão bem quanto pode, e procura não refletir sobre a extensão desse terreno no qual está plantado, e em que medida os leitores realmente entendem seus pensamentos e suas vivências, sentem e partilham deles, em que medida sua fé, sua cosmovisão, sua moral, seu pensamento se assemelham aos do leitor.

Recentemente um jovem me escreveu chamando-me de "velho e sábio". "Tenho confiança no senhor", escrevia ele, "pois sei que o senhor é velho e sábio." Eu estava num momento mais luminoso e não tomei a carta, que aliás se parecia muito com as de centenas de outras pessoas, como um todo, mas pesquei aqui e ali uma frase, algumas palavras, contemplei-as com a maior precisão possível, e questionei a sua essência. "Velho e sábio" estava ali escrito, e fazia rir um velho cansado e mal-humorado, que em sua longa e rica vida muitas vezes se imaginou muito mais próximo da sabedoria do que agora, em sua condição limitada e pouco alegre.

Velho sim, eu era isso, estava certo, velho e gasto, desiludido e cansado. Mas a palavra "velho" também podia significar algo bem diferente! Quando se fala em velhas lendas, velhas casas e cidades, velhas árvores e velhas comunidades, velhos cultos, "velho" nunca me pareceu algo pejorativo, irônico ou desprezivo. Também muito raramente podia atribuir a mim mesmo as qualidades da velhice. Pois tendia a fazer valer apenas a metade negativa dos muitos significados da palavra, aplicando-a a mim. Bem, para esse jovem que me escrevia, a palavra "velho" talvez também se referisse a alguém pitoresco, de barba grisalha e sorriso manso, em parte comovente, em parte venerável. Pelo menos nos tempos em que ainda não era velho eu mesmo sempre a utilizara com esse segundo sentido. Muito bem, a gente podia deixar valer a palavra, compreendê-la e valorizá-la como uma forma de tratamento.

Mas a palavra "sábio"! Bem, o que significava isso? Se o que ela queria dizer era um nada, algo geral, difuso, um epíteto comum, uma frase feita, então podia ser totalmente ignorada. Se não fosse isso, se realmente devesse significar alguma coisa, como é que eu descobriria esse sentido?

Lembrei-me de um antigo método que eu muitas vezes usara, o da livre-associação. Descansei um pouco, andei mais algumas vezes pelo quarto, repeti mais uma vez a palavra "sábio" e esperei para ver o que me ocorreria primeiro. E, vejam só, ocorreu-me outra palavra, a palavra Sócrates. Aquilo não era só um vocábulo, era um nome, e atrás desse nome não havia uma abstração, mas um vulto, uma pessoa.

O que teria a ver aquele vago conceito de sabedoria com o suculento e muito real nome Sócrates? Foi fácil de constatar. Sabedoria era aquela qualidade atribuída a Sócrates em primeiro lugar pelos professores de colégio ou universidade, pelos eminentes que faziam conferências em salões lotados, pelos autores de artigos de fundo e folhetins, sempre que falavam nele. O sábio Sócrates. A sabedoria de Sócrates — ou, como diria o proeminente conferencista: a sabedoria de um Sócrates. Mais não havia para dizer sobre tal sabedoria. Mas, mal se ouvira a frase, apresentava-se uma realidade, uma verdade, isto é, o verdadeiro Sócrates: figura bastante forte, bastante convincente apesar das roupagens de lenda. E essa figura, esse velho homem de Atenas, com seu rosto feio e bondoso, nos informara de modo bem unívoco sobre sua própria sabedoria, afirmara com vigor e clareza que não sabia nada, absolutamente nada, e que não tinha nenhum direito ao predicado sábio.

Lá estava eu mais uma vez desviado do caminho reto, aproximando-me das realidades e mistérios. Assim era: se a gente se deixava seduzir e levava a sério as ideias e as palavras, logo se entrava no vazio, no não sabido, no penumbroso. Se o mundo dos intelectuais, dos bem-falantes, dos artistas da conferência, dos catedráticos e ensaístas tivesse razão, então ele seria o completamente ignorante, um homem que primeiro nada sabia nem acreditava em nenhum saber ou possibilidade de saber, e que, em segundo lugar, transformava em força exatamente esse não saber e esse não acreditar no saber.

Lá estava eu, velho homem sábio, diante do ignorante Sócrates, tendo que me defender ou envergonhar. Havia mais do que motivo para vergonha; pois, deixando de lado todos os rodeios e sutilezas, eu sabia muito bem que o rapaz que me chamara de sábio não o fizera por tolice e ignorância de jovem, mas porque eu lhe dera motivos, eu o levara a isso, eu lhe dera mais ou menos o poder disso através das palavras de minha literatura, em que ressoa algo de ensinamento e sabedoria da idade; e se, penso eu, sempre coloquei as "sabedorias" entre aspas em minha literatura, duvidando delas, derrubando e retirando-as de novo, mesmo assim, em geral, em toda minha vida e atividade eu mais afirmei do que neguei, mais concordei ou silenciei do que combati, muitas vezes reverenciei as tradições do espírito, da crença, da língua, da moral. Em meus textos sentia-se aqui e ali, indubitavelmente, um relâmpago, uma brecha nas nuvens e drapejamentos das tradicionais figuras de altar, uma fenda atrás da qual se moviam fantasmagorias ameaçadoramente apocalípticas, aqui e ali anunciava-se que a mais segura propriedade do homem era sua pobreza, o melhor pão do homem era a sua fome.

Mas no todo, como tantas outras pessoas, eu preferia voltar-me para os universos da beleza e tradições, preferia os jardins das sonatas, fugas, sinfonias a todos os céus chamejantes do Apocalipse, preferia os encantadores jogos e consolos da linguagem às experiências nas quais a linguagem cessa e se transforma em nada, porque por um instante belo e terrível, talvez sublime talvez mortal, o indizível, o impensável, o interior do mundo que só se pode vivenciar como segredo e ferida, nos encara. Se o jovem que me escrevia viu em mim um Sócrates nada ignorante mas sábio no sentido dos professores e dos jornalistas, eu lhe dera para isso bons motivos.

Mesmo assim não se entendia o que era clichê e o que era vivido na ideia que o rapaz fazia de sabedoria. Talvez um velho sábio fosse uma personagem de teatro, um simulacro, mas talvez ele conhecesse uma série de associações da palavra "sábio" que eu apenas percorrera. Talvez com a palavra "sábio" ele pensasse involuntariamente em Sócrates e só então, com estranheza e constrangimento, tivera de constatar que exatamente Sócrates nada quis ter a ver com a sabedoria, nada quis saber da sabedoria.

A análise das palavras "velho e sábio" portanto pouco me adiantara. Então, para de algum modo lidar com aquela carta, fiz o caminho inverso e não procurei esclarecimento a partir de palavras isoladas mas do conteúdo, do todo que levara o jovem a escrever a sua carta. Essa circunstância era uma pergunta aparentemente muito simples, portanto aparentemente também fácil de responder: "A vida tem um sentido, e não seria melhor meter uma bala na cabeça?"

Ao primeiro olhar essa pergunta não parece admitir muitas respostas. Eu podia responder: Não, meu caro, a vida não tem sentido, e na verdade é mesmo melhor... etc. Ou podia dizer: A vida, meu caro, tem sentido sim, e a saída com a bala não entra em questão. Ou ainda: A vida na verdade não tem sentido, mas nem por isso a gente precisa se matar. Ou ainda: A vida tem um bom sentido mas é tão difícil corresponder a ele ou simplesmente reconhecê-lo, que seria mesmo melhor meter uma bala... etc.

À primeira vista seria o caso de pensar que essas são as respostas possíveis à pergunta do rapaz. Mas mal começo a tentar outras possibilidades, logo vejo que não há quatro ou oito mas cem e mil respostas. Mesmo assim, a gente poderia jurar que para essa carta e quem a escreveu no fundo existe só uma única resposta, uma só porta para a liberdade, uma única salvação do inferno de sua angústia.

Mas nem a idade nem a sabedoria me ajudam a encontrar essa resposta única. A pergunta da carta me deixa inteiramente às escuras, pois aquelas sabedorias das quais eu disponho e também aquelas das quais dispõem pastores da alma ainda mais velhos e mais experientes, podem ser perfeitamente aplicadas em livros e sermões, conferências e artigos, mas não nesse único caso real, não para esse paciente sincero que supervaloriza velhice e sabedoria, mas que fala com absoluta seriedade e com palavras simples tira de minha mão todas as armas, sutilezas e artimanhas: "Só no senhor eu confio."

Como encontrará resposta essa carta com sua pergunta tão infantil quanto séria?

Algo me tocou nessa carta, algo me apareceu num lampejo, algo que sinto e elaboro mais com os nervos do que com o entendimento, mais com o estômago ou com o sistema simpático do que com experiência e sabedoria: um sopro de verdade, um lampejo numa brecha aberta nas nuvens, um chamado do outro lado, além das convenções e apaziguamentos, e não há solução senão esquivar-se e calar, ou obedecer e aceitar a convocação.

Talvez eu ainda tenha outra escolha, talvez ainda possa dizer a mim mesmo: não posso ajudar a esse pobre menino, pois sei tão pouco quanto ele, talvez eu possa colocar a carta debaixo de uma pilha de outras cartas e deixá-la, semi-inconscientemente, tanto tempo em seu esconderijo que aos poucos ela desapareça e seja esquecida.

Mas pensando nisso eu já sei que só a poderei esquecer quando ela tiver sido realmente respondida, e respondida corretamente. O fato de eu saber disso, de estar convencido disso, não nasce da experiência e da sabedoria, nasce da força desse chamado, desse encontro com a realidade. Portanto, a força da qual haverei de tirar minha resposta nem brota de mim, da experiência e inteligência, do treinamento, da humanidade, mas da realidade mesma que aquela carta me apresentou.

Portanto, a força que vai responder a essa carta está na carta, ele próprio se dará a resposta, esse adolescente vai responder a si mesmo. Se consegue tirar de mim, da pedra, do velho e sábio, uma fagulha, é o martelo dele, o golpe dele, a aflição dele, a força dele unicamente, que desperta essa fagulha.

Não devo esconder que recebi muitas vezes cartas com essa mesma pergunta, lendo e respondendo ou não respondendo.

Mas a força da aflição não é sempre igual, não são apenas as almas fortes e puras que fazem essa indagação; também os jovens ricos com seus meio sofrimentos e sua meia entrega a fazem. Muitos já me escreveram dizendo que na minha mão está a decisão. Um Sim de minha parte, e ele ficaria curado, um Não e ele morreria — e por mais forte que isso soasse eu sentia o apelo à minha vaidade, à minha própria fraqueza, e sentenciava: esse que escreve essa carta não ficará curado com meu Sim nem morrerá com meu Não, mas continuará a cultivar sua problemática e talvez dirija sua pergunta a muitos outros chamados velhos e sábios, consolando-se pouco com as respostas e divertindo-se um tanto, enquanto enfia numa pasta uma coleção delas.

Se não atribuo nada disso a esse que hoje me escreve, se o levo a sério, retribuo sua confiança e desejo ajudar, não é por minha causa, mas por ele, é a força dele que conduz minha mão, a sua realidade rompe a minha convencional sabedoria de velho, a pureza dele me faz ser sincero; não por qualquer virtude, amor ao próximo ou humanitarismo, mas por causa da vida e da realidade, assim como quando se expirou, apesar de todos os propósitos ou cosmovisões, depois de um tempinho necessariamente se tem de inspirar de novo. Não fazemos isso: acontece conosco.

E se agora, tomado pela aflição, iluminado pelo relampejar da verdadeira vida, permito que a rarefação quase insuportável do seu ar me faça agir depressa, se deixo que a carta mais uma vez fale ou grite comigo e não tenho mais pensamentos ou dúvidas a lhe opor, não tenho mais de submetê-la a nenhum exame ou diagnóstico, mas preciso obedecer ao seu chamado, e não contribuir com meu conselho e sabedoria, mas fazer a única coisa que pode ajudar, isto é, dar a resposta que o jovem deseja e que precisa ouvir de minha boca para sentir que foi a sua própria resposta, a sua própria necessidade que ele assim convocou.

É preciso muito para que uma carta, a pergunta de um desconhecido, realmente atinja o destinatário, pois quem escreve a carta apesar de toda a aflição legítima e premente não pode se expressar senão com um sinal convencional: "A vida tem sentido?" E isso soa tão vão e insensato quanto a dor do mundo de um adolescente.

Mas ele não quer dizer "a vida", não lhe interessam as filosofias, os dogmas ou direitos humanos, ele fala única e exclusivamente da sua vida; e não quer escutar de minha suposta sabedoria uma sentença doutrinária ou uma indicação para a arte que dê sentido à vida. Não, ele quer que sua real aflição seja vista por um ser humano real, momentaneamente partilhada, e com isso superada ao menos por esta vez. E se eu lhe der essa ajuda, não serei eu que terei ajudado, mas a realidade de sua aflição, que por uma hora despe a mim, velho e sábio, da velhice e da sabedoria, cobrindo-me com uma ardente e gélida onda de realidade.

E agora, chega de falar dessa carta. O que muitas vezes ocupa o escritor depois de ler cartas de seus leitores são indagações como: O que foi que eu afinal pensei, quis, pretendi, desejei ao escrever meus livros, além do mero prazer de escrever? E depois, questões como: Quanto daquilo que você desejou e quis com seu trabalho é aprovado ou rejeitado pelos leitores, quanto disso tudo o leitor sequer percebe e entende? E a pergunta: isso que um escritor pretende e quer com seus escritos, seu querer, sua ética, sua autocrítica, sua moral tem algo a ver com os efeitos causados por seus livros?

Segundo minha experiência, tem muito pouco a ver.

Nem mesmo aquela pergunta que em geral é a mais importante para o escritor, aquela sobre o valor estético de seu trabalho, de seu conteúdo em beleza objetiva, tem na realidade um grande papel. Um livro pode ser estética e literariamente sem valor, e apesar disso ter enormes consequências. Aparentemente muitos desses efeitos são sensatos e calculáveis, foram previsíveis. Na verdade porém, também aqui os acontecimentos do mundo são totalmente irracionais e desordenados.

Voltando ao tema do suicídio, tão atraente para a juventude: várias vezes recebi cartas de leitores dizendo que estavam mesmo na iminência de se matar quando lhes caiu nas mãos esse livro que os libertara e iluminara, e agora estavam novamente subindo a montanha. Mas sobre o mesmo livro que podia ter tal poder curativo, o pai de um suicida me escreve uma acusação grave: meu livro, três vezes maldito, fora daqueles que nos últimos tempos andavam na mesa de cabeceira do pobre filho, e era o único responsável pelo acontecido. Pude responder a esse pai indignado que ele não levava bastante a sério sua própria responsabilidade pelo filho, uma vez que a transferia para um livro; mas levei bastante tempo para "esquecer" a carta desse pai, e está-se vendo como a esqueci.

A respeito de outro de meus livros escreveu-me, nos tempos em que a Alemanha chegara quase ao auge da curva da sua febre nacionalista, uma mulher de Berlim: um livro tão ignominioso como o meu teria de ser queimado, ela trataria disso, e toda mãe alemã saberia afastar seus filhos dele. Caso realmente tivesse filhos, essa mulher sem dúvida os impediu de conhecerem meu ignominioso livro, mas não os impediu de sofrerem a devastação de metade do mundo, de chapinharem no sangue de vítimas desarmadas, e todo o resto.

Mas era singular que quase no mesmo período uma outra mulher alemã me escrevesse sobre o mesmo livro: se tivesse filhos homens ela lhes daria esse livro para ler, para que aprendessem a encarar a vida e o amor com os olhos dessa obra. Ao escrever meu livro eu não pretendera nem depravar jovens nem instruí-los sobre a vida. Nem por um instante pensara em nenhuma das duas coisas.

Algo bem diferente, em que decerto nenhum leitor jamais pensa, tornou-se preocupação e tormento do escritor: Por que, apesar de todas as minhas sensações mais particulares, deverei colocar diante de olhos estranhos as minhas criações, os meus queridos amigos e filhos do meu coração, frutos da melhor substância de minha vida, vê-los chegarem ao mercado e serem supervalorizados ou desvalorizados, elogiados ou cuspidos, respeitados ou malbaratados? Por que não os retive comigo, quando muito mostrando-os a um amigo, sem permitir sua publicação ou só depois de minha morte? É desejo de fama, vaidade, desejo de atacar ou prazer inconsciente em ser atacado, que me leva a sempre mandar para o mundo esses meus amados filhos, expondo-os aos mal-entendidos, aos acasos e à crueldade toda?

Essa é uma pergunta da qual nenhum artista jamais se livra inteiramente. Pois o mundo nos paga por nossas criações às vezes até mais do que valem, mas nos paga não com vida, com alma, com felicidade ou com substância, e sim com aquilo que tem para dar: dinheiro, honrarias, lugar na lista dos importantes.

Sim, o trabalho do artista pode ter as respostas mais improváveis. Como: um artista trabalha para o povo, que é seu campo de atuação natural e seu natural mercado, mas o povo permite que essa obra, que lhe foi confiada, pereça; recusa ao artista o reconhecimento e o pão. De repente outro povo, totalmente estranho, lembra-se dessa obra e dá ao desiludido o que ele mais ou menos mereceu: reconhecimento e pão. No mesmo instante o povo a quem seu trabalho foi dedicado e oferecido passa a aclamar intensamente o artista, alegrando-se porque alguém saído do seu meio é tão reconhecido. E isso não é nem de longe a mais estranha das coisas que podem acontecer entre artista e povo.

Não adianta muito lamentar o irrevogável e queixar-se da inocência perdida, mas a gente faz isso, pelo menos o escritor por vezes faz. E assim também a mim me encantou muitas vezes a ideia de por um passe de mágica tornar de novo todos os meus escritos propriedade privada minha, e me alegrar com eles como um senhor desconhecido chamado Rumpelstilzchen. Alguma coisa na relação entre artista e mundo não está bem, e até o mundo por vezes sente isso: como não o sentiria, muito mais intensamente, o artista?

Algo da decepção com que o artista, mesmo com sucesso, entregou ao mundo sua obra, algo da dor por ter entregado, vendido e exposto algo secreto, amado e inocente, me ocorria já nos anos da juventude em boa parte da literatura que eu amava, principalmente em uma pequena lenda de Grimm, um dos contos de fadas com um sapo. Nunca o li sem um calafrio e uma vaga dor na alma. Como não se deve repetir essa literatura mágica, cito a lenda no encerramento deste texto.

Uma órfã sentava-se diante do muro da cidade, e fiava; então viu um sapo aparecer na abertura do muro junto ao chão. Rapidamente estendeu a seu lado um lenço de seda azul, porque os sapos gostavam e sempre iam para ele. Vendo isso o sapo desapareceu em seu buraco, voltou de novo com uma minúscula coroa de ouro, colocou-a em cima do lenço e desapareceu. A menina pegou a coroa que cintilava, e era de delicada trama de ouro.

Logo o sapo voltou pela segunda vez. Mas não vendo mais a coroa, arrastou-se para junto do muro, e de tristeza bateu tanto a cabecinha contra ele que finalmente caiu morto. Se a menina tivesse deixado a coroa no seu lugar, o sapo provavelmente teria trazido da sua toca outros tesouros.

(1947)

Felicidade

O SER HUMANO, COMO DEUS o imaginou, e a literatura e sabedoria dos povos o entenderam por muitos milhares de anos, foi criado com uma capacidade de alegrar-se com as coisas mesmo que não lhe sejam úteis, com um órgão reservado para apreciar o que é belo.

Espírito e sentidos sempre participaram em igual medida nessa alegria do homem pelo belo, e enquanto pessoas forem capazes de se alegrar, no meio de pressões e perigos, com coisas como as cores da natureza ou um quadro pintado, o chamado da voz da tempestade ou da música feita pelo homem, enquanto atrás da superfície dos interesses e das necessidades o mundo puder ser visto ou sentido como um todo onde existe uma ligação do movimento de um gato com as variações de uma sonata, do comovente olhar de um cão com a tragédia de um escritor, num reino múltiplo de mil relações, correspondências, numa linguagem eternamente fluindo para dar ao ouvinte alegria e sabedoria, divertimento e emoção — enquanto isso existir, o homem poderá sempre voltar a dominar suas fragilidades e atribuir um sentido à sua existência, pois "sentido" é aquela unidade do múltiplo, ou aquela capacidade do espírito de pressentir unidade e harmonia na confusão do mundo.

Para o verdadeiro ser humano, íntegro, inteiro e intacto, o mundo se justifica e Deus se justifica incessantemente através de milagres como este: que além do frio da noite e do fim do período de trabalho exista algo como a atmosfera vermelha no crepúsculo e as fascinantes transições do cor-de-rosa ao violeta, ou algo como as mutações do rosto de uma pessoa quando, em mil transições, é recoberta, como o céu noturno, pelo milagre do sorriso; ou que existam as naves e janelas de uma catedral, a ordem dos estames no cálice da flor, o violino feito de madeira, a escala de sons, algo tão inconcebível, delicado, fruto do espírito e da natureza, racional e ao mesmo tempo suprarracional e infantil como a linguagem.

A linguagem com suas belezas e surpresas, seus enigmas, sua aparente perenidade, mesmo assim não está livre de fraquezas, enfermidades, perigos aos quais está exposto tudo o que é humano — e isso a torna para nós, seus discípulos e servos, um dos mais misteriosos e nobres fenômenos na terra.

E não é apenas que cada povo ou comunidade cultural tenha criado a linguagem que corresponda a suas origens e ao mesmo tempo sirva aos seus projetos ainda não pronunciados, não apenas que um povo possa aprender, admirar, rir da linguagem de outro povo e mesmo assim nunca a entender inteiramente! Não: também para cada indivíduo, na medida em que ele não viva em um mundo ainda afásico ou excessivamente mecanizado e por isso mesmo novamente afásico, a linguagem é um bem pessoal; para cada falante, portanto para cada ser humano inteiro e íntegro, palavras, sílabas, letras e formas, e as possibilidades da sintaxe, têm seu valor especial que só a elas cabe, e cada linguagem legítima pode ser sentida e vivida por cada pessoa de maneira totalmente pessoal e única, ainda que ela não se dê conta de nada disso.

Assim como houve músicos que preferiram certos instrumentos ou tonalidades de voz, ou se aborreciam particularmente com eles, ou deles desconfiavam, assim a maioria das pessoas, na medida em que têm um senso de linguagem, preferem certas vogais e séries de letras enquanto evitam outras; e se alguém ama um escritor em especial, ou o rejeita, também o gosto linguístico e o ouvido linguístico desse escritor participa disso, sendo familiares ou estranhos a seu leitor.

Eu poderia, por exemplo, mencionar uma série de versos e poemas que amei décadas a fio e ainda amo, não pelo sentido, sabedoria ou conteúdo em experiência, bondade, grandeza, mas unicamente por uma determinada rima, um determinado desvio rítmico do esquema convencional, a escolha de vogais preferidas, que o escritor pode ter feito de modo tão inconsciente quanto o leitor que as exercita.

Da construção e do ritmo do texto de Goethe ou Brentano, de Lessing ou E. T. A. Hoffmann, pode-se deduzir muito mais sobre as características, a tendência física e espiritual do escritor, do que daquilo que esse trecho de prosa nos diz. Há frases que podem estar no texto de vários escritores, e outras que só seriam possíveis em um único desses músicos da linguagem. Para nós as palavras são a mesma coisa que as cores da paleta são para o pintor. Existem incontáveis delas, e surgem sempre novas, mas as boas palavras, as verdadeiras, são menos numerosas, e em setenta anos de vida não vi surgir nenhuma nova.

Também as cores não existem em muito grande número, ainda que suas tonalidades e misturas sejam incontáveis.

Entre as palavras, existem para cada falante as prediletas e as estranhas, preferidas e evitadas, cotidianas — que se usam mil vezes sem temer o desgaste — e outras — solenes — que, por mais que as amemos, só pronunciamos ou escrevemos com cuidado e reflexão, como objetos raros: fazendo as escolhas que correspondem a essa sua solenidade.

Entre elas está para mim a palavra "felicidade".

É uma dessas que sempre amei e escutei com prazer. Por mais que se discuta e argumente sobre seu significado, seja como for ela significa algo belo, bom e desejável. E acho que o som da palavra corresponde a isso.

Parece-me que essa palavra, apesar de sua brevidade,* tem algo de espantosamente denso e cheio, algo que lembra ouro, e, com certeza, além da plenitude e da densidade também lhe é próprio o brilho que parece morar em suas breves sílabas como o raio nas nuvens, começando tão fluida e sorridente, repousando com um sorriso no meio, e terminando de maneira tão decidida.

Era uma palavra para rir e chorar, cheia de fascinação e sensualidade. Se a quiséssemos sentir direito, bastava colocar ao lado desse dourado algo tardio, plano, fatigado, de níquel ou cobre, como realidade ou utilidade, e tudo ficaria claro.

Sem dúvida, ela não nascia de dicionários nem de salas de aula, não era inventada, derivada ou composta, era algo uno e redondo, perfeito, vinha do céu ou da terra como luz do sol ou uma visão de flores. Que bom, que felicidade, que consolo, haver palavras assim! Viver e pensar sem elas seria murcho e ermo, seria como viver sem pão nem vinho, nem música, nem riso.

---

* Referência a *glück*, palavra alemã para felicidade, que tem apenas uma sílaba. (*N. do E.*)

Para esse lado, o natural e sensório, a minha relação com a palavra "felicidade" nunca se desenvolveu nem modificou, a palavra continua hoje tão breve e pensada e brilhante como sempre, eu a amo ainda como amei na meninice.

Mas o que esse símbolo mágico significa, o que se quer dizer com essa palavra tão simples quanto densa, sobre isso minhas opiniões e meus pensamentos mudaram muito, e só muito tarde chegaram a uma conclusão clara e determinada. Até bem depois da metade de minha vida eu a aceitava sem a examinar, certo de que na boca das pessoas felicidade era algo positivo e absolutamente valioso, mas no fundo meio banal.

Bom berço, boa educação, boa carreira, bom casamento, progresso na casa e na família, respeito das pessoas, bolsa cheia, baús repletos, pensava-se em tudo isso ao dizer "felicidade", e eu fazia como todo mundo.

Parecia-me haver as pessoas felizes e as outras, assim como havia as sensatas e as outras. Também falávamos de felicidade na história universal, pensávamos conhecer povos felizes, épocas felizes. Mas nós mesmos vivíamos em meio a um período inusitadamente "feliz", estávamos rodeados da felicidade de uma paz prolongada, de uma ampla liberdade, de um importante conforto e bem-estar, como num banho morno, e mesmo assim nem percebíamos isso, aquela felicidade era apenas natural, e nós, jovens naquele momento aparentemente tão amável, confortável e pacífico, éramos esnobes e céticos, coqueteávamos com a morte, com a degeneração, com a interessante anemia, falando da Florença do Quattrocento, da Atenas de Péricles e de outros tempos passados, como sendo felizes.

Sonhar com aqueles tempos florescentes foi-se perdendo aos poucos, líamos livros de história, líamos Schopenhauer, desconfiávamos do superlativo e das belas palavras, aprendemos a viver espiritualmente em um clima abafado e relativizado — e mesmo assim a palavra "felicidade", onde quer que a encontrássemos inesperadamente, soava com o velho som dourado e cheio, continuava sendo pressentimento ou memória de coisas de altíssimo valor.

Talvez, pensávamos por vezes, pessoas simples e infantis podiam chamar de felicidade aqueles bens concretos da vida, mas nós pensávamos antes em algo como sabedoria, superioridade, tolerância, certeza da alma, tudo o que era belo e nos alegrava, mas sem merecer um nome tão arcaico, pleno e profundo como "felicidade".

No entanto, minha vida pessoal chegara a um ponto em que eu sabia que não era feliz, e que também a busca da chamada felicidade não tinha ali espaço e sentido. Numa hora patética eu talvez designasse essa situação como Amor Fati, mas, no fundo, nunca tive grande tendência para o *pathos,* a não ser em breves exceções e breves estados de excitação. E também o amor sem desejo e nada patético, à Schopenhauer, não era mais meu ideal absoluto, desde que eu aprendera aquele modo silencioso, inaparente, lacônico e sempre um pouquinho zombeteiro de sabedoria em cujo solo brotaram os relatos da vida dos mestres chineses e as parábolas do Chuang Tzu.

Bem, não quero divagar. Pretendo dizer algo bastante definido. Primeiro, e para não perder o fio, tento formular com palavras abrangentes qual o conteúdo e significado que tem para mim hoje em dia a palavra "felicidade". Hoje entendo por felicidade algo bem objetivo, isto é, a totalidade mesma. O ser atemporal, a eterna música do universo, isso a que outros chamaram harmonia das esferas ou sorriso de Deus.

Esse conceito, essa música infinita, essa eternidade de sons plenos e de brilho dourado é presente puro e perfeito, não conhece tempo, história, antes e depois. Eternamente brilha e ri o semblante do mundo, enquanto seres humanos, gerações, povos, reinos, surgem, florescem e novamente caem nas sombras e no nada. A vida produz uma música permanente, dança incessantemente sua ciranda, e o que a nós, efêmeros, a nós, ameaçados e caducos, mesmo assim é dado em alegria, conforto e riso, é luz que vem de lá, é um olho cheio de brilho e um ouvido cheio de música.

Se alguma vez realmente houve aquelas pessoas lendariamente "felizes", ou se aqueles felizardos louvados com inveja, os filhos do sol e os senhores do mundo foram iluminados pela grande luz apenas em horas ou momentos festivos e abençoados, não tiveram outra felicidade nem partilharam de nenhuma outra alegria.

Respirar num presente perfeito, cantar no coro das esferas, dançar na ciranda no mundo, rir com o eterno riso de Deus, é o que nos cabe como parte de felicidade. Muitos só têm isso uma vez, muito poucas vezes. Mas quem o viveu não foi feliz só por um instante, pois levou consigo algo desse brilho e melodia, dessa luz da alegria atemporal, todo o amor que foi trazido a este mundo pelos amantes, todo o consolo e a alegria que foram trazidos pelos artistas, e às vezes séculos depois continua brilhando como no primeiro dia, vem de lá.

No curso de uma vida inteira cheguei a esse significado abrangente, universal e sagrado da palavra "felicidade", e talvez seja preciso dizer expressamente àqueles de meus leitores que ainda são meninos de escola, que não estou aqui fazendo filologia, mas contando um pedacinho da história de uma alma, e que estou muito longe de os estimular a também darem em sua linguagem oral e escrita o mesmo, enorme, significado à palavra "felicidade". Mas para mim, em torno dessa sublime, dourada e simples palavra reuniu-se tudo o que desde a infância senti ouvindo-a.

A sensação era evidentemente mais forte na criança, a resposta de todos os sentidos a suas qualidades sensórias e à sua convocação eram mais intensas e mais ruidosas, mas se a palavra em si não fosse tão profunda, tão arcaica e tão universal, minha ideia do eterno presente, do "rastro dourado" (em *Goldmund*) e do riso dos imortais (em *O lobo da estepe)* não teria se cristalizado em torno dessa palavra.

Quando pessoas que envelheceram tentam recordar quantas vezes e com que intensidade sentiram felicidade, procuram primeiramente em sua infância, e isso é correto, pois para vivenciar felicidade é preciso sobretudo independência do tempo, e com isso do medo e da esperança, e em geral com os anos as pessoas perdem essa capacidade. Mesmo eu, quando tento recordar momentos em que participei do brilho do eterno presente, do sorriso de Deus, volto sempre à infância e encontro lá as mais frequentes e valiosas experiências desse tipo. É verdade que os tempos alegres da adolescência eram mais coloridos, festivos e agitados, o espírito participava mais deles do que nos anos de infância.

Mas olhando mais e mais de perto, ali havia mais divertimento e graça do que realmente felicidade. A gente era divertida, engraçada, espirituosa, a gente fazia muitas boas brincadeiras. Lembro um momento no grupo de meus colegas no florido tempo da juventude: um inocente perguntou, na conversa, o que era afinal um riso homérico, e eu respondi com uma risada ritmada, que se escandia precisamente como um hexâmetro.

Todos riram alto, brindaram com os copos, mas momentos assim não se sustentam quando lembrados mais tarde. Tudo aquilo era bonito, foi divertido, saboroso, mas não era felicidade.

Depois de analisar por algum tempo, a felicidade parecia ter sido experimentada só na infância, em horas ou momentos difíceis de reviver, pois também ali no reino da infância o brilho nem sempre parecia legítimo quando bem examinado, o ouro nem sempre tão puro. Vendo bem, restavam apenas poucas vivências, e elas também não eram quadros que se pudessem pintar, histórias que se pudessem contar, esquivavam-se agilmente quando questionadas.

Se uma lembrança dessas se apresentava, parecia no começo tratar-se de semanas ou dias ou pelo menos um dia, um Natal quem sabe, um aniversário ou um dia de férias. Mas, para reviver na memória um dia da infância, é preciso mil imagens, e para nem um único dia, nem mesmo para meio dia, a memória traria de volta quantidade suficiente de imagens.

Quer se tratasse de experiências de dias, horas quer de minutos, vivi a felicidade algumas vezes, por instantes estive próximo dela. Mas daqueles encontros felizes do começo da vida, sempre que os convoquei, interroguei e examinei, um especialmente persistiu. Foi nos meus tempos de menino de escola, e o singular, legítimo, primitivo e mítico nessa experiência, o estado de ser um com o mundo num riso silencioso, a total liberdade em relação a tempo, esperança e temor, o absoluto presente não pode ter durado muito, talvez não mais do que alguns minutos.

Certa manhã — eu era um menino agitado, de uns dez anos —, acordei com uma sensação inusitada, profunda e doce, de alegria e bem-estar, que me iluminava inteiro como um sol interior, como se agora mesmo, naquele instante do despertar de um bom sono de menino, algo de maravilhoso, de novo me tivesse acontecido, como se todo o meu pequeno-grande mundo de menino estivesse numa situação nova e mais elevada, tivesse entrado em outra luz e outro clima, como se só agora, cedo de manhã, toda a bela vida tivesse adquirido todo o seu valor e sentido. Eu nada sabia de ontem nem de amanhã, estava rodeado e inundado daquele *hoje* feliz. Aquilo fazia bem, e meus sentidos e minha alma o saborearam sem curiosidade nem justificação. Aquilo me invadia e tinha um gosto magnífico.

Era de manhã, pela janela alta eu vi sobre a longa cumeeira do telhado vizinho o céu alegre de um azul-claro puro, também ele parecia feliz como se pretendesse coisas especiais e tivesse posto para essa ocasião sua melhor veste. Não se via mais do mundo ali da minha cama, só aquele belo céu e o longo pedaço de telhado da casa vizinha, mas também esse telhado, esse telhado monótono e desinteressante de telhas castanho-avermelhadas parecia rir, sobre uma parede oblíqua íngreme e sombreada perpassava um leve jogo de cores, e uma única telha de vidro azulada no meio das de cor vermelha parecia viva, parecia alegremente desejosa de espelhar algo daquele céu matinal de brilho leve e permanente.

O céu, a quina um tanto grosseira da cumeeira do telhado, o exército uniforme das telhas marrons e o azul translúcido da única telha de vidro pareciam harmonizar-se de maneira bela e alegre, nada queriam, visivelmente, senão naquela hora matinal especial rir umas com as outras, e querer-se bem.

Azul-celeste, marrom-telha e azul vítreo pertenciam uns aos outros, brincavam entre si, sentiam-se bem, e era bom e fazia bem vê-los assim, participar do seu brinquedo, sentir-se inundado, como eles, pelo mesmo brilho da manhã e pela mesma sensação de bem-estar.

Assim, no começo da manhã, fiquei deitado saboreando junto com tudo isso a calma sensação do sono que recém-acabara, uma bela eternidade em minha cama, e se saboreei felicidade igual ou semelhante mais vezes em minha vida, nenhuma poderia ser mais profunda e mais real: o mundo estava em ordem.

E se essa felicidade durou cem segundos ou dez minutos, era tão atemporal que se parecia tão perfeitamente com qualquer outra felicidade legítima quanto uma borboleta azul se parece com outra. Aquilo foi transitório, foi recoberto pelo tempo, mas era profundo e eterno o bastante para depois de mais de sessenta anos ainda me chamar e atrair, e eu, com olhos cansados e dedos doloridos, ainda tenho de me esforçar para o invocar e lhe sorrir, e o descrever. Essa felicidade não consistia em nada além da harmonia de algumas poucas coisas ao meu redor com o meu próprio ser, um bem-estar sem desejos, que não exigia nenhuma mudança nem intensificação.

Ainda estava tudo quieto na casa, e também lá fora não se ouvia um som. Se não fosse esse silêncio, provavelmente a lembrança dos deveres cotidianos, da necessidade de levantar-me e ir à escola, teria perturbado meu bem-estar. Mas obviamente não era nem dia nem noite, era a doce luz e o azul risonho, sem passos de criadas nas lajes do pátio nem porta rangendo, nem padeiro subindo as escadas. Esse momento matinal estava fora do tempo, não levava a nada, não indicava nada iminente, bastava-se a si mesmo, e como me incluísse inteiramente, para mim não havia dia nem pensamento de levantar ou ir à escola, nem tarefas malcumpridas nem vocábulos mal-aprendidos, café da manhã apressado na arejada sala de jantar.

A eternidade da felicidade dessa vez foi desfeita pela intensificação do belo, por um mais e demais de alegria. Enquanto eu estava ali deitado sem me mover, e o silencioso e claro universo matinal penetrava em mim e me absorvia, algo inusitado, algo brilhante e excessivamente claro e dourado e triunfante varou o silêncio, cheio de uma atrevida alegria, pleno de uma doçura sedutora e inquietante: o som de uma trombeta.

E enquanto eu, só agora plenamente desperto, me sentei na cama afastando os cobertores, o som mostrou ser de duas vozes, de mais vozes ainda: era a banda da cidade que marchava pelas ruelas, um acontecimento muito raro e excitante, cheio de uma festividade barulhenta que fez meu coração de criança rir e soluçar a um só tempo, como se toda a felicidade, todo o encanto daquela hora sublime tivesse se diluído naqueles sons agridoces e excitantes, e agora se derramasse, despertado e retornado ao temporal e ao transitório.

Saí da cama num segundo, tremendo de alegria solene, corri atravessando a porta para o quarto ao lado, de cuja janela se via a rua. Num tumulto de encanto, curiosidade e desejo de participar, debrucei-me numa janela aberta, escutei feliz os sons altivos da música que aumentavam e vi e ouvi as casas vizinhas e as ruas acordando, tomando vida e enchendo-se de rostos, figuras e vozes — e no mesmo segundo eu soube também tudo aquilo que esquecera inteiramente naquele momento de bem-estar entre sono e dia. Eu soube que com efeito naquele dia não haveria aulas, era um feriado importante, penso que era aniversário do rei, haveria desfiles, bandeiras, música e uma alegria inusitada.

E sabendo disso eu tinha voltado, estava novamente submetido às leis que regem o cotidiano, e ainda que não fosse um cotidiano, mas um dia de festa para o qual eu fora despertado pelos sons de metais, o verdadeiro e belo e divino naquele encanto matinal passara, e sobre aquele pequeno milagre suave voltaram a se fechar as ondas do tempo, do mundo, da banalidade.

(1949)

Vivência em um Alpe

À TARDE, NA HORA MAIS quente, subi a estradinha íngreme que levava a Amalek. É assim que chamo uma campina que fica cerca de cento e cinquenta metros acima do nosso hotel, um semicírculo encostado no denso pinheiral, onde recentemente por alguns dias se viu um grupo de tendas cujas fileiras alegres e claras me lembravam um acampamento de soldados amalecitas ou filisteus no desenho bíblico de Schnorr.

Lá, perto do acampamento dos amalecitas, ficam alguns dos meus locais preferidos para descansar, desenhar ou escrever. Estava um pouco abafado, sobre as montanhas nevadas repousavam, amontoadas, calmas e maciças cordilheiras de nuvens, no alto, no zênite, no azul tênue e claro agrupavam-se caprichosamente grandes bandos de nuvenzinhas como plumas, ora quietas ora movendo-se doce e persistentemente para o Leste, sob um vento imperceptível.

Procurei e encontrei um lugar que me servia, perto dos acampamentos de outros ociosos que ali, entre sombra e sol, passavam sua tarde deitados na beira da mata, dormindo, lendo, conversando, muitos meio ou totalmente despidos.

Os patamares da íngreme encosta que se sucediam rapidamente e mal se distinguiam entre si, e os bastidores da fímbria da mata que a toda hora apareciam, faziam com que em um pequeno espaço se pudessem instalar muitas pessoas e grupos sem perturbar uns aos outros, sem sequer saber uns dos outros. Assim, sentado ou deitado sobre o capim ou ervas em minha cova entre alguns pequenos rochedos, fiquei inteiramente só, e tinha a sombra da mata abaixo de mim, a encosta da campina, a visão de algumas cabanas, o vale enevoado de Lauterbrunner e o gigantesco espaço que ia até o gelo e a neve das grandes montanhas — tudo isso só para mim.

Depois de uma pausa para descansar e me refrescar, abri lentamente a pequena pasta que levo nessas caminhadas. É uma pasta de linho do catálogo de jornal de Rudolf Mosse, de 1910, que me é fiel desde aquela década, e nem ao menos parece muito puída. Tirei do bolso a caneta, abri um bloquinho de papel e comecei a desenhar: um pequeno muro e atrás uma cabana de madeira, de Berna, encimada por dois bordos, em seguida a parede vertical ao pé do Männlichen, com a cumeeira aguda e dentada no alto, e mais atrás o contorno da Jungfrau, cuja linha porém extrapolaria o meu papel, e é apenas aludida.

Enquanto eu me estendia outra vez para descansar daquela brincadeira, pois os olhos me ardiam, ouvi várias vozes juvenis, e abaixo de mim apareceu um bando de meninos, uma escola inteira ou uma turma, de mochila, falando alemão de Berna; meninos de catorze a dezesseis anos, segundo me pareceu. Estavam suados e descabelados, não tinham pressa, e os últimos pararam bem no degrau acima de mim, limpando as testas com lenços coloridos. Alguns sentaram-se brevemente no capim curto.

Respirando fundo e olhando para trás, para aquela vastidão, foram ficando silenciosos, e depois de uma pausa um deles começou a dizer versos de cor, hesitando e buscando. Mas conseguiu dizê-los corretamente, um pequeno poema, e como escutei dois dos versos não apenas como cantilena rítmica mas também compreendendo as palavras, percebi que era um poema meu, um poema que falava das nuvens, e que eu mesmo, o poeta, já não teria mais lembrado inteiramente.

O jovem dizia os versos um pouco como quem canta, em tom solene, versos que eu escrevera há quase cinquenta anos. Os camaradas escutavam calados, e, quando tudo ficou silencioso e eu me virei para vê-los, já tinham sumido montanha acima.

Assim, quase meio século depois de surgirem, meus versos voltaram para mim pela boca daquele menino desconhecido.

(1947)

Cotidiano literário

Na vida de quem se instalou à parte, longe da cidade e da sociedade, o correio desempenha um importante papel. Pois por mais que você busque a solidão e o recolhimento, a vida não pode ser revogada, e as pessoas cuja visita e fala você teria gostado de evitar entram em sua casa todas as manhãs nas cartas que escrevem, e trazem para sua casa e sua atmosfera um pedacinho de cotidiano, um pedacinho de esforço, mas também um pouquinho de vida e realidade, para que essa mesma atmosfera não fique rarefeita demais.

Mas agora, no terrível crepúsculo do fim da guerra, como ficou estranhamente pequena e casual a minha correspondência! Logo agora que seria tão importante a correspondência não chega, logo agora que a gente receia por tantos amigos, preocupando-se com tantos destinos conhecidos, a fonte diária, tantas vezes importuna, que nos chama de volta para a realidade, as notícias e a humanidade, secou quase completamente.

Se o meu editor e mais fiel amigo ainda vive, depois de tanto sofrer em prisões da Gestapo por mim e por sua lealdade a mim, se alguma vez se pensará em reconstruir minha obra destruída e aniquilada, se ainda vive a amiga de quem sabemos, como última notícia, que foi deportada de Theresienstadt há muitos meses com milhares de outros, "sem destino", ou onde ficou meu amigo e parente Ferromonte, o organista, cimbalista e historiador da música que ultimamente era soldado-enfermeiro em um imenso hospital militar da Polônia — por essas e centenas de outras perguntas temerosas e assustadas espero resposta dia após dia, semana a semana, mês depois de mês.

Há um ano a gente nem imaginaria que um dia iria sentir verdadeira e séria saudade de cartas da Alemanha, ainda que deformadas pelos repulsivos selos de Hitler e marcas deixadas pelos censores.

Mas o cotidiano prossegue, e o bravo correio afinal parece não ter grande coisa a comemorar. Mesmo que as importantes e desejadas cartas não venham, chegam outras desimportantes e inesperadas, e às vezes também têm o seu pequeno significado, e despertam reflexões.

Assim ontem o correio da manhã me trouxe, entre outras, três coisas que não são importantes, mas foram saudações da realidade e do cotidiano do mundo, e nos deram um pouco de razão para brincadeiras e risos.

A primeira carta que abri era bastante volumosa, e desconfiei um pouco dela. Pois assim em geral eram as cartas em que colegas jovens ou velhos me enviavam seus escritos para eu ler, julgar e procurar-lhes um editor. Mas fiquei envergonhado, pois a avolumada carta não continha um manuscrito e sim um livrinho que eu conhecia bem, a antologia que a Editora Insel fizera de meus poemas.

O autor da carta o comprara num antiquário, e estranhara que na primeira página não houvesse apenas uma dedicatória, mas também um pequeno desenho meu, uma coroa de flores oval. Eu a desenhara um dia para alguma pessoa a quem queria agradar, e agora meu livro e minha coroa de flores tinham acabado no antiquário, foram comprados por um estranho, e ele me enviava o livrinho para que eu confirmasse se o desenho era realmente meu. Bem, tive de confirmar, e dar a desejada informação ao novo dono.

Enquanto, para me livrar do assunto, logo me punha a escrever algumas linhas, entrou pela porta do ateliê o meu hóspede do momento, um pintor amigo, para quem poso todas as manhãs por um breve espaço de tempo. Nós nos cumprimentamos, e enquanto ele arma seu cavalete, veste blusão e avental e arruma a paleta, pesco da pilhazinha de correspondência a peça bem debaixo, a maior, um pacotinho duro e retangular. Podia ser um desenho ou pintura, presente ou troca de algum pintor amigo, por exemplo, e eu teria gostado, porque, nas contemplações enquanto posava de modelo, eu preferia ter uma lembrança melhor do que a coroazinha de flores que eu pintara com afeto, que fora desdenhada e vendida ao sebo. Fato que já fora resolvido mas, como então notei, me deixara um sentimento parecido com mágoa.

Portanto, apressei-me em abrir o pacote retangular, que vinha de um remetente desconhecido. Se fosse, como eu pensava adivinhar, pintura, desenho, litografia ou gravura de algum jovem artista, o objeto poderia fornecer tema para minhas reflexões e talvez até um diálogo durante a sessão iminente.

Mas do pacote apareceu uma pasta de papelão grosso com uma folha de papel branco dobrada uma vez, portanto com quatro lados para escrever. E com ela uma carta do desconhecido pedindo que eu por favor lhe devolvesse o papel, preenchido da seguinte maneira: nas duas primeiras páginas eu deveria escrever uma breve autobiografia, composta especialmente para essa finalidade, na página seguinte deveria colar a minha foto, e na última botar uma dedicatória para o remetente.

Que correspondência estranha a daquele dia! Perplexo com aquele pedido singularmente ingênuo ou singularmente atrevido, mostrei pasta e carta ao meu amigo que acabava de sentar-se diante do cavalete. Ele olhou admirado, depois olhou melhor a grossa pasta de papelão, caiu na risada e disse:

— Essa mesma pasta já esteve em minhas mãos, com uma carta bem parecida, em que eu deveria colocar um desenho ou pintura, uma foto e uma dedicatória. Esse sujeito é um colecionador fanático, talvez nem mesmo a linguagem e a ortografia precárias das cartas sejam legítimas.

Agora eu sabia o que fazer com a pasta. Estávamos rindo quando começou a sessão, o pintor lutou heroicamente com as manhas do objeto a ser pintado, e, em minha imobilidade, entreguei-me a reflexões que quase me fizeram adormecer no calor daquele dia de junho.

Mais tarde, quando a sessão terminara, tive de ver o resto da minha correspondência matinal. Mas nela havia apenas mais uma surpresa: um senhor da cidade vizinha dirigia-me um pedido escrito em italiano culto, de que eu lhe telefonasse sem falta para combinar um encontro, tratava-se de um assunto literário de grande importância. O que seria aquilo? Provavelmente o homem tinha um filho ou filha cujos versos ginasianos me seriam apresentados como prova de seu talento. Mas era estranho que se tratasse de alguém de língua estrangeira.

Em nossa casa, telefonar faz parte do território de minha mulher, de modo que lhe entreguei a carta. Ela telefonou ao autor da carta, e também lá não atendeu o homem mas a mulher. Ouvindo nosso nome logo perguntou, muito interessada, quando eu poderia ir à cidade para o tal encontro. Pacientemente minha mulher começou sua negativa. Mostrou à senhora que eu era um velho já não muito ágil, que devia ser algum mal-entendido, e que por favor a dama tivesse a bondade de dizer do que se tratava. Ah, exclamou a interlocutora do outro lado da linha, nada de mal-entendido, ela se informara e sabia quem eu era, que era famoso, e entendia do meu ofício. E o assunto não era muito banal, por isso não podia ser resolvido ao telefone. Mas minha mulher ficou firme e repetiu seu pedido. Depois de refletir um pouco, a outra disse com voz abafada e nervosa:

— Bom, posso lhe dizer do que se trata. Trata-se de um romance!

Minha mulher respondeu:

— Ah, um romance? Alguém escreveu um romance que meu marido deva ler?

Resposta:

— Não, de forma alguma. O *signore* não deve ler um romance, mas escrever um. Em nossa casa vivemos coisas que certamente darão tema de um bom romance, e, depois de algumas informações, escolhemos o seu marido para escrever esse livro. E *quando*, afinal, podemos contar com a visita dele?

Ficou muito admirada e decepcionada ao ouvir a resposta: que o *signore* escrevera romances, mas jamais algo que não fosse inventado por ele, e não se afastaria disso por motivo algum. Portanto, lamentávamos muito etc.

Bem, eu precisara envelhecer para finalmente saber que também a boa vida burguesa dos escritores era uma instituição procurada e indispensável, havia situações em que ele era chamado urgentemente, situações que não podiam ser contadas ao telefone mas que impunham e pediam literatura, assim como há situações que pedem médico, polícia ou advogado.

Aquilo me fez bem, gostei de ouvir. E ainda que minha correspondência desta manhã não tenha sido muito rica, não foi muito negativa. Minha postura conciliadora quase me levou a devolver ao colecionador sua pasta e seu papel, ainda que em branco. Mas afinal também deixei isso de lado.

(1949)

Horas na escrivaninha

Quem recebe muitas cartas e é assediado por muita gente recebe hoje em dia uma torrente de desgraças de toda a sorte, desde o mais brando queixume ou tímido pedido ao patear raivoso do mais cínico desespero.

Se eu tivesse de suportar pessoalmente tudo o que a correspondência de um só dia me traz de aflição, dor, pobreza, fome e exílio, há muito teria morrido, e muitas dessas descrições frequentemente objetivas e plásticas colocam diante de meus olhos situações em que me custa imensamente entrar com a fantasia compadecida e percebê-las.

No curso desses últimos anos tive de me ajeitar com a necessidade de poupar meus sentimentos e minha compreensão para aqueles casos mais graves, que pelo menos em parte se podia ajudar, seja com conforto e conselho seja com algo material.

Entre essas cartas que pedem apoio moral e espiritual há uma categoria que só me chegou nestes anos tão infelizes. São cartas de pessoas adultas, por vezes velhas, a quem a dureza e a amargura da vida, chegando a um grau insuportável, apresentam uma ideia estranha ao caráter delas, que nunca haviam tido antes: acabar com toda essa desgraça através do suicídio. De pessoas de coração mole, de tendência sentimental e poética, sempre me chegaram cartas com esse assunto, são coisas conhecidas e habituais, e por vezes fui bastante claro, até rude, em minha resposta sobre esse namoro com ou ameaça de suicídio.

Escrevia a essas pessoas cansadas da vida que não julgo o suicídio, mas quando se trata do verdadeiro, o executado, eu o respeito tanto quanto qualquer tipo de morte. Mas que não posso levar a sério conversas sobre tédio da vida e intenções suicidas, conforme elas desejariam, e tendo a ver nelas uma forma não muito legítima nem muito decente de chantagem emocional.

Mas também chegam, sem muita frequência, cartas de gente que amava a vida e lutou por ela, perguntando o que penso do suicídio, pois esta vida anda cada vez mais difícil e insuportável, tendo perdido todo o sentido, toda a alegria, toda a beleza e dignidade — e a isso não posso responder sem levar plenamente a sério e reconhecer a dor que me é apresentada.

Anotei algumas de minhas respostas a tais clamores. Escrevi a uma mulher gravemente deprimida mas, segundo minha impressão, ainda não seriamente prejudicada em sua vontade de viver:

"Vivemos hoje num estado de desespero, todas nós pessoas realmente alertas; o desespero é nosso lugar e nossa legítima condição. Ele nos deixa postados entre Deus e o nada, entre eles respiramos, entre eles balançamos para lá e para cá. Todos os dias sentimos vontade de largar a nossa vida, mas somos impedidos por aquilo que em nós é impessoal e supratemporal. Assim, sem que sejamos heróis, a nossa fraqueza se torna bravura, e salvamos um pouco do que nos foi transmitido de fé e confiança para os que virão depois de nós."

Um homem de mais de cinquenta anos pediu-me, lucidamente e sem nenhuma retórica, uma opinião sobre o suicídio, no qual ele jamais pensara na sua vida ativa e cheia de responsabilidades, mas que agora lhe aparece sempre mais unívoca e inescapavelmente como a única libertação de uma vida dura demais, excessivamente absurda e indigna. Anotei as seguintes frases da resposta que lhe enviei:

"Quando eu tinha quinze anos, um de nossos professores certo dia nos deixou atônitos, afirmando que suicídio era a maior covardia moral que o ser humano podia cometer. Até ali eu pensara que era preciso certa coragem, certo orgulho e dor para cometer suicídio, e encarava o suicida com um misto de respeito e horror. Assim a frase do professor, dita como axioma, por um momento me deixou perplexo, fiquei ali parado feito um tolo, sem resposta a dar, pois a frase parecia conter em si toda lógica e moral.

Mas minha perplexidade não durou muito, logo voltei a acreditar em meus próprios sentimentos e minhas ideias, de modo que os suicidas sempre me pareceram respeitáveis, simpáticos, e de alguma forma, ainda que por caminhos sombrios, distinguidos exemplos de um sofrimento humano que a fantasia de meu professor nem conseguia acompanhar, e de uma coragem e orgulho que eu só podia amar.

Na verdade os suicidas que conheci foram todos gente problemática mas valiosa, acima da média. E o fato de que, além da coragem de meterem uma bala na cabeça, ainda tenham tido coragem e orgulho suficientes para se fazerem pouco amados e pouco respeitados segundo as doutrinas e a moral, só aumentava a minha solidariedade.

Penso que quando por natureza, educação e destino, o suicídio é impossível e proibido a um ser humano, ainda que eventualmente faça fantasias em torno dele como saída, não o conseguirá executar, pois continuará sendo proibido. Se for diferente, se alguém rejeita decididamente uma vida que se tornou insuportável, na minha opinião ele tem o mesmo direito a isso que outros têm a uma morte 'natural'. Ah, muitos que se mataram me pareceram ter uma morte mais natural e significativa do que a de tantos outros!"

Com certo alívio passo desses temas para muitos outros que não se têm de levar tão a sério ou que, por serem materiais, se podem assumir mais resolutamente. Tenho compaixão dos jovens escritores que me enviam seus manuscritos esperando uma sentença minha, mas é com consciência tranquila que os desiludo. Não temos compromisso com o impossível. Os jovens escritores recebem seus manuscritos de volta e um presentinho de cortesia, uma edição privada e algumas linhas de desculpas, e também os pobres ingênuos que se apresentam como ganhadores do próximo prêmio Goethe ou prêmio Nobel precisam se contentar com uma resposta lacônica.

Mas algumas vezes ao ano recebo outro tipo de carta, que me alegra particularmente e que respondo com o maior carinho. Algumas vezes ao ano alguém me pergunta se ainda se consegue aquele poema manuscrito e enfeitado com pequenos desenhos que reservo para os apreciadores, e cujo lucro me permite cobrir os gastos com todos os pacotes e as ajudas que envio para os países onde reinam miséria e fome. Outro dia chegou um pedido desses depois de um intervalo de vários meses, e mais uma vez me pus a trabalhar. Sempre que posso tenho um ou dois desses manuscritos em estoque, e se um deles encontra quem o aprecie, procuro substituí-lo em seguida. De todos os trabalhos que já fiz, este é o que mais me agrada, e acontece mais ou menos assim: primeiro abro o armário de papéis no meu estúdio. Desde que se construiu minha casa atual tenho esse armário com uma série de gavetas largas e fundas para folhas de papel. O armário e todo o papel, em parte velho e de boa qualidade, hoje em dia difícil de conseguir, realizam um desejo meu segundo a frase: "O que muito se quer na juventude, na velhice se consegue em plenitude."

Quando criança, no Natal e no aniversário eu sempre desejava papel, quando tinha oito anos coloquei esse desejo num bilhete: "Uma folha de papel do tamanho do portão de Spalen." Mais tarde sempre aproveitei as ocasiões de comprar belos tipos de papel, muitas vezes trocando-os por livros ou aquarelas, e desde que esse armário existe tenho mais papel do que jamais poderei gastar.

Abro o armário e passo a escolher o papel. Às vezes me atraem os lisos, por vezes os ásperos, às vezes os nobres papéis de aquarela, outra vez um papel mais simples, de impressão. Desta vez, ao procurar, tive vontade de pegar um papel muito simples, levemente amarelado, do qual ainda conservo, piedosamente, algumas poucas folhas que poupei. É o papel em que um dia se imprimiu um de meus livros prediletos, *Caminhada*. O que ainda resta desse livro foi destruído pelas bombas americanas, desde então ele não existe mais, anos a fio comprei a qualquer preço todo exemplar que aparecesse em algum antiquário, e vê-lo reeditado é hoje um dos poucos desejos que me restam.

Esse papel não é caro, mas tem uma porosidade singular, que absorve muito de leve, conferindo às tintas de aquarela um tom vagamente pálido e antigo. Segundo lembro ele também oferecia perigos, mas eu não sabia mais quais eram, e estava inclinado a me deixar surpreender e testar por eles.

Peguei as folhas, cortei com o cortador de papéis o formato desejado, procurei um pedaço de papelão que combinasse, como proteção, e comecei meu trabalho. Sempre pinto primeiro a folha de rosto e os desenhos, sem ainda pensar nos textos, que só escolherei mais tarde. Pinto de cor os primeiros cinco ou seis quadrinhos, pequenas paisagens ou uma guirlanda de flores, segundo motivos familiares, para os demais procuro em minhas pastas alguns modelos interessantes.

Desenho em sépia um laguinho, algumas montanhas, também uma nuvem no céu, construo em primeiro plano, na encosta da colina, uma aldeiazinha de brinquedo, ponho cobalto no céu, um brilho de azul da prússia no lago, um pouco de ocre dourado na aldeia ou amarelo-nápoles, tudo muito tênue, e me alegra que o papel levemente absorvente abafe as cores e as mantenha.

Com dedo úmido empalideço um pouco o céu, e me distraio do melhor jeito que sei com minha pequena paleta ingênua, há muito não faço esse jogo. Não consigo mais como antigamente, tudo me cansa bem mais depressa, as forças só bastam para poucas folhas cada dia, mas ainda é bonito e me diverte transformar assim um punhado de folhas em branco em obra de pintor, e saber que a letra continuará se transformando, primeiro em dinheiro, depois em pacotes de café, arroz, açúcar e óleo e chocolate, e saber ainda que com isso se acenderá em pessoas queridas um raio de ânimo, de conforto e novas forças, um grito de alegria entre as crianças, um sorriso nos doentes e velhos. E também, aqui e ali, um leve brilho de fé e confiança em corações excessivamente fatigados e desalentados...

É um belo jogo, e não me importa que essas pinturinhas não tenham qualidade artística. Quando outrora fiz os primeiros desses caderninhos e as pequenas pastas, eram ainda muito mais desajeitados e pouco artísticos do que hoje, era durante a Primeira Guerra Mundial, e eu os fazia por conselho de um amigo, em favor dos prisioneiros de guerra. Isso faz muito tempo, e mais tarde vieram anos em que me alegrava a cada pedido, porque fazia bem a mim. Hoje já não é, como décadas atrás, para bibliotecas de prisioneiros de guerra que se aplicam os trabalhos de minhas mãos. As pessoas a cujo serviço hoje faço esses pequenos trabalhos não são desconhecidos anônimos, nem entrego o fruto de meu trabalho à Cruz Vermelha ou alguma outra organização: contra todas as tendências de nosso tempo, com os anos e as décadas tornei-me cada vez mais amante do individual e diferenciado.

Possivelmente não sou com isso apenas um excêntrico individualista, mas tenho razão objetivamente. Pelo menos, posso cuidar de umas poucas pessoas, que não conheço todas pessoalmente, mas das quais todas me significam algo, cada uma com seu valor pessoal e único e seu destino especial. Isso me dá muito mais alegria, e parece mais certo e importante ao meu coração do que a benemerência e os cuidados que antes ajudei a fazer funcionar como roda de uma imensa máquina de assistência social.

Também hoje cada dia exige que eu me adapte ao mundo, e como faz a maioria, resolva todas as tarefas atuais com ajuda de rotina e mecanização, com ajuda de um aparato, uma secretária e um método.

Talvez eu devesse cerrar os dentes e aprender isso ainda em meus velhos dias. Mas eu não me sentiria bem, e todas essas muitas pessoas cuja aflição se derrama em ondas sobre minha escrivaninha lotada se dirigem a um ser humano, não a um aparato. Que cada um faça segundo o seu coração lhe diz.

(1949)

A palavra riscada

Ontem um assunto singular deu trabalho a mim e a minha mulher durante uma hora inteira. Chegou uma carta dos Estados Unidos, escrita por um senhor de idade, um devoto judeu-alemão daquelas velhas linhagens judaicas dos territórios do Reno e do Meno, que até o umbral do nosso presente tão hostil pertenceram às mais antigas e mais bem-conservadas comunidades culturais da Alemanha. Ele vinha de uma das antigas famílias judaicas do Reno, a qual Wilhelm Speyer dedicou um memorial e elogio fúnebre digno no belíssimo romance *Das Glück der Andernach* [A felicidade dos Andernach].

Esse ancião de Nova York, um emigrante, judeu culto e devoto, anônimo no exército de gente de valor que a Alemanha rejeitou em favor dos gritalhões e perversos, escreveu-me sobre uma questão de consciência que lhe dava escrúpulos, e o pedido que julgava dever seu me fazer consiste nisto: que em um de meus livros eu tirasse uma única palavra em futuras edições. Recentemente ele lera o *Hóspede do Balneário*, e nele encontrara um trecho onde cito a frase "Ame o seu próximo como a si mesmo".

O hóspede do balneário considera essa frase "a palavra mais sábia que jamais foi pronunciada", e acrescenta: "Uma palavra que aliás espantosamente já está no Velho Testamento."

Para o leitor e correspondente dos Estados Unidos, para o devoto judeu e leitor da Bíblia, a palavra "espantosamente" não é aceitável, ele considera que com isso se ofende o judaísmo e a Torá, e se duvida deles, e pede-me seriamente que risque a palavra.

Como meus olhos não conseguissem fazê-lo, tive de pedir à minha mulher que procurasse aquele trecho do *Hóspede do Balneário* e constatasse contexto e vocabulário da frase. Depois li cuidadosamente mais uma vez a página em questão de um livro que escrevi há vinte e cinco anos. Naturalmente o autor da carta tinha razão, naturalmente fora um erro meu, e para o leitor judeu era quase uma blasfêmia ver um escritor que até ali levara a sério considerar "espantoso" que uma frase tão nobre e sublime "já" tivesse estado no Velho Testamento, portanto, bem antes de Jesus e a doutrina cristã.

Ele tinha razão, não havia como duvidar: minha expressão "espantosamente", bem como a palavra "já" (que o autor da carta não comentava), estava objetivamente errada, fora precipitada e insensata, refletia algo daquele jeito a um tempo contrafeito e arrogante com que na minha infância e nos tempos de formação a teologia protestante popular falava a nós, crianças protestantes, da Bíblia e do judaísmo e do Velho Testamento, fazendo com que o judaísmo e o Velho Testamento fossem considerados dignos e respeitáveis, mas faltando-lhes o derradeiro, a coroação. O Velho Testamento seria antes um livro de leis e severidade, enquanto só o Novo Testamento teria trazido o pleno conceito de amor e graça etc.

Quando escrevi, há vinte e cinco anos, aquelas frases do *Hóspede do Balneário*, pelo menos naquele tempo eu não era nem sábio nem superior, mas, quando citei aquele magnífico texto sobre amor ao próximo, na verdade me pareceu "espantoso" que essa frase, considerada a quintessência da doutrina cristã ou da moral cristã, "já" estivesse no Velho Testamento.

O preocupado autor da carta dos Estados Unidos tinha razão.

Mas como era isso? Acaso o *Hóspede do Balneário* e todos os meus livros foram escritos para difundir conhecimentos e verdades objetivas no povo? Certamente queriam servir à verdade, mas no sentido da honestidade que contém toda a expressão de pensamento, uma sinceridade cuja lei força o autor a uma ampla exposição de sua pessoa, não raramente a uma autorrevelação, sacrifício que nenhum leitor jamais entendeu inteiramente.

Eu pretenderia partilhar com meus leitores algo além dos resultados de minha própria experiência e de meu pensamento, com isso sempre um trecho do caminho pessoal que me levara a tais vivências? Acaso eu alguma vez bancara o ditador, o sabichão, o padre ou o mestre que anuncia suas verdades com a autoridade de seu ofício, mas nada diz de suas lacunas e dúvidas?

Acaso não fora este o meu papel: partilhar com meus leitores não apenas meus pensamentos e convicções, mas também minhas dúvidas, bancando diante deles não uma autoridade ou um iniciado, mas apenas mostrando a mim mesmo, um irmão que procurava e que podia errar?

Não pude explicar tudo isso ao homem dos Estados Unidos. Como ele não o tivesse percebido na leitura de meus livros, que conhecia quase todos, eu não conseguiria, por mais longa que fosse minha carta, levá-lo a outro tipo de leitura e compreensão. Ele me pedia que eu riscasse de meu livro uma única palavra, e com isso pedia que a serviço da verdade eu mentisse, fingindo que há vinte e cinco anos, quando escrevi o *Hóspede do Balneário* eu não tivesse cometido um erro ou leviandade, não tivesse sido capaz de uma ignorância em relação à Bíblia e à teologia; como se naqueles tempos, como hoje, não houvesse, presos a mim, restos de minha origem e educação. Quem sabe era pedir um pouco demais?

Aparentemente, pois, a coisa era muito simples. Pediam-me algo que contrariava minha essência e meu gosto, meus hábitos literários para não dizer logo meus "princípios", e diante disso havia só uma resposta: negar.

Mas as coisas sempre parecem mais simples do que são, principalmente as questões morais. Se eu tivesse vinte e cinco anos menos! Então não teria aborrecido minha mulher para que procurasse aquele trecho de livro, teria tempo para explicar o assunto a meu leitor numa carta de muitas páginas, teria gostado de escrever essa carta e me lisonjearia a sensação de ter realmente persuadido e apaziguado meu parceiro.

A palavra "espantosamente" teria continuado em meu livro, e seguiria documentando a sinceridade de minha ignorância e leviandade do ano de 1923.

Mas agora eu estava um tanto mais velho e mais pensativo, e também mais inseguro, e o homem que queria que eu riscasse a palavra também já não era um leitor jovem que uma boa carta fizesse vacilar, mas um senhor de idade cuja carta não era desprovida de modéstia nem dignidade.

Além disso era um devoto, amante da Bíblia, um homem que conhecia muito mais que eu o Velho Testamento, e que se magoara com uma palavra impensada escrita por mim. Outra coisa ainda: ele era judeu. Pertencia ao povo que deu ao mundo a Bíblia e o Salvador, e em troca recebeu ódio e inimizade encarniçada de quase todos os outros povos, um homem de um povo antiquíssimo e sagrado que suporta em nossos tempos ateus coisas inimagináveis e mesmo assim se preserva melhor do que qualquer outro povo mais jovem em aflição parecida.

Pois os judeus (e isso vale ainda hoje, uma vez que a perseguição perdura) não apenas deram um exemplo único de solidariedade, de que o mundo ainda nem tomou plena consciência: em incontáveis casos mostraram uma coragem heroica ao suportar tudo isso, uma bravura diante da morte, uma dignidade na desgraça e derrota, cuja contemplação só podia envergonhar a nós que não somos judeus.

E agora eu deveria responder a esse velho judeu bem-intencionado e digno, devia negar-lhe uma satisfação que pedira de maneira tão nobre, devia contrapor à sua fé e sua sabedoria suprapessoal devota o meu direito de autor, deveria, como representante de uma especialidade psicológica, contrapor-lhe meu *pathos* de professo, e, além de decepcioná-lo e rejeitá-lo, ainda por cima querer lhe dar uma lição?

Não consegui fazer isso. Seria preciso uma medida de segurança, fé em mim mesmo e no sentido e valor de meu trabalho, que eu hoje não teria mais. Portanto, escrevi ao meu leitor de Nova York uma breve carta dizendo que seu pedido fora atendido, e a meu editor escrevi que em alguma eventual nova impressão de *Hóspede do Balneário* se riscasse na página 154 a palavra "espantosamente".

(1948)

Lembrança de André Gide

MEU MAIS ANTIGO CONHECIMENTO DOS textos de André Gide deu-se graças à tradução de Felix Paul Greve, publicada entre 1900 e 1910 na Editora Bruns, de Minden.

Era *A porta estreita*, que, num tempo em que minha postura era mais a de um huguenote, recordava de maneira premente a atmosfera devota de minha infância, que tanto atraía como desgostava a quem como eu andara brigando com ela anos a fio.

Depois veio *O imoralista*, que me tocou mais fortemente ainda. Esse livro era dedicado ao amigo dele, Henri Ghéon, um daqueles amigos próximos cuja conversão mais tarde lhe causaria tanta dor.

A seguir apareceu um volume bem fininho em que o tradutor deixara o título francês: *Paludes*, um livrinho singular, contraditório, de um preciosismo juvenil que me perturbou e seduziu, ora me encantava ora me aborrecia, e nos anos subsequentes, em que me afastei novamente de Gide e quase o esqueci, subterraneamente continuou agindo em mim.

No entanto, com a guerra de 1914, a história do mundo desabara em minha pequena existência literária, e precisei lidar com problemas bem diferentes, terríveis e mortais. Mas logo depois do fim da guerra, no começo de minha vida no Tessino, apareceu o livro de E. R. Curtius *Die literarischen Wegbereiter des neuen Frankreich* [Os que prepararam os caminhos literários da nova França], seu posfácio era de novembro de 1918; e como nos anos de guerra eu tinha travado amizade com Rolland, e recentemente conhecera Hugo Ball, que se ocupava com Péguy e Léon Bloy, e simpatizava ardentemente com as tentativas de amizade entre os intelectuais da França e os da Alemanha, a leitura desse belo livro caiu em solo fecundo dentro de mim.

Tentei obter livros de Péguy e Suarez, mas principalmente voltei a me lembrar intensamente de André Gide, não apenas por curiosidade e desejo de aprender, mas por uma revisão e correção de trajetória na minha relação com esse escritor que eu recordava com tanta fascinação e ambiguidade, e cujos livros *O imoralista* e *Paludes* logo voltei a ler com devoção.

Naquele tempo, instigado pelo livro de Curtius, surgiu e firmou-se em mim o amor por aquele escritor sedutor que tratava seus problemas, tão semelhantes aos meus, de um modo bem diferente, e no qual me agradava, agora como antes, a nobre singularidade, a tenacidade e o constante autocontrole de quem busca incansavelmente a verdade.

Passei a ler tudo que conseguia obter dele, e com o tempo li quase todos os seus livros duas ou três vezes.

Ocupando-me tanto de um contemporâneo que me atraía, jamais teria pensado que esse colega em Paris poderia saber de mim, ou até ter lido algo meu. Muito pouca coisa de meus textos aparecera em tradução francesa, e mesmo isso tivera pouca penetração, assim como na Inglaterra. No começo, era apenas isso. Mas certo dia em 1933, a grande surpresa e alegria: uma cartinha de Gide, que dizia:

Depois de longo tempo quero lhe escrever. Essa ideia me atormenta: que um de nós possa deixar esta terra sem que o senhor tenha sabido de minha profunda simpatia por cada um de seus livros que li. Entre todos, Demian *e* Knulp *me fascinaram. Depois aquele delicioso e misterioso* Viagem ao Oriente *e por fim o* Goldmund, *que ainda não terminei — e que saboreio lentamente, temendo terminá-lo muito em breve.*

Os admiradores que o senhor tem na França (e eu recruto novos incessantemente) talvez ainda não sejam muito numerosos, mas tanto mais ardentes. Nenhum deles é mais atento nem devotado do que

André Gide

Agradeci calorosamente, mas não se estabeleceu uma correspondência entre nós, ambos já não éramos suficientemente jovens e livres para isso, e assim nos contentamos com eventuais presentes literários e saudações. Mas tudo não se resumiria naquela única alegria e surpresa.

Tinham-se passado catorze anos desde aquela cartinha, quando certa tarde na primavera nossa cozinheira anunciou que havia três visitantes na porta da casa, dois senhores e uma jovem senhora.

Entregou-me um cartão, e era de André Gide, com sua filha e o marido dela. Fiquei muito contente e ao mesmo tempo um pouco assustado, pois não tinha feito a barba, e vestia o meu mais velho traje de trabalhar no jardim. Não podia deixar tais visitantes esperarem muito tempo, então decidi fazer a barba, e nunca a fiz tão depressa.

Assim, vestindo roupas puídas entrei na biblioteca onde minha mulher já estava sentada com os visitantes. Então foi que o vi pela primeira e única vez, um homem menor do que eu o imaginara e também mais velho, mais quieto, mais indiferente. Mas o rosto sério e inteligente com os olhos claros e a expressão a um só tempo perquiridora e contemplativa continha tudo o que as poucas fotos que eu conhecia haviam anunciado e prometido.

Apresentou-me a bela filha, recém-casada, e o genro que tinha um pedido a me fazer: estava traduzindo a *Viagem ao Oriente* e queria comentar comigo algumas expressões duvidosas e trechos complicados. Todos os três foram visitas agradáveis e amáveis, mas naturalmente foi o pai quem dominou e prendeu nossa atenção.

Mas não éramos apenas cinco na sala, pois no chão havia um cesto raso e grande com a nossa gata e um filhote de mal duas semanas, que se deitava junto da mãe, ora dormindo ora mamando, ora tentando investigar o mundo com movimentos lentos mas enérgicos em suas perninhas ainda inseguras, vencendo as dobras e colinas da almofada até a beira do cesto que ainda não se atrevia a escalar.

Ficamos sentados bebendo chá e falando da *Viagem ao Oriente*, de livros e autores. Os dois literatos riram quando eu lhes expliquei a etimologia da palavra "Montagsdorf" que o genro me pedira.

Mas com mais fervor e zelo do que tudo isso, Gide falou de um arbusto que vira florido no dia anterior, em Ponte Tresa, descreveu-o precisamente e com paixão, e ficou visivelmente decepcionado quando eu não pude lhe dizer o nome do arbusto.

Gide também se informara vivamente sobre minha saúde, sabia que eu sentia dores nas juntas e por vezes sofria de ciática. Durante a conversa levantei-me para apanhar algo que queria lhe mostrar, no aposento ao lado, o meu estúdio. Vendo minha dificuldade ao levantar por causa das dores nas costas, seu rosto assumiu uma expressão meio compassiva meio decepcionada ou aborrecida, como poderia ter tido vendo um de seus antigos camaradas e amigos da juventude reingressar na Igreja. Pelo menos, foi o que me pareceu.

A conversa foi animada e instigante, e, com naturalidade, foi ele quem conduziu os assuntos, não se teve nem por um instante a impressão de que não estava inteiramente presente. Mesmo assim, não estava.

Minha mulher, que observava com a mesma atenção que eu o venerado visitante, pôde testemunhar: durante as duas horas, ou hora e meia em que se sentou no sofá tendo às costas a grande janela e o monte Generoso, seus olhos perquiridores, curiosos, apaixonados pela vida em contradição com toda a gravidade do mundo, voltavam-se para o cesto e os dois gatos, mãe e filhote.

Com curiosidade e divertimento ele observava os dois, especialmente o gatinho quando erguia a cabecinha e com olhos que mal começavam a enxergar fitava espantado o grande e estranho mundo, quando se esforçava para chegar à beira do cesto, caindo de volta e voltando a rastejar para junto da mãe, corpo esticado sobre as pernas incertas.

Era o olhar quieto de um rosto controlado e habituado a viver em sociedade, um rosto bem-educado, mas em seu olhar e na tenacidade com que fitava o seu objeto via-se a grande força que dominava a sua vida, que o levara para África, Inglaterra, Alemanha e Grécia. Esse olhar, esse estar aberto e deixar-se atrair pelos milagres do mundo, era capaz de amor e compaixão, mas também não era nada sentimental: apesar de toda a entrega tinha algo de objetivo, seu fundamento era a sede de conhecimento.

Quando fiz 70 anos, Gide escreveu algo a respeito, a edição alemã apareceu no *Neue Zürcher Zeitung*. Depois apareceu a edição francesa da *Viagem ao Oriente*, e ele escreveu um pequeno comentário que está entre os ensaios de seu último livro.

Fiquei lhe devendo longo tempo o agradecimento por isso. Por fim, poucas semanas antes de sua morte, consegui escrever-lhe uma carta e não sei se chegou a ler. Não há nada de especial nela, mas estou contente por ainda tê-la escrito. A carta diz:

"Montagnola, janeiro de 1951

Caro e venerado André Gide

Seu novo tradutor Lüsberg me enviou as suas *Les Feuilles d'automne* [Folhas de outono], já li a maior parte dessas memórias e reflexões, e agora não seria correto nem elegante agradecer a ele sem antes finalmente enviar ao senhor meus cumprimentos e um obrigado.

Há muito eu devia ter feito isso, mas há muito vivo num cansaço resignado e não é nesse estado que se visita alguém mais velho a quem se respeita muito. Mas o cansaço pode durar até o fim, e antes dele eu ainda desejo assegurar-lhe mais uma vez minha inabalável gratidão e simpatia, que cresceram ainda mais nos últimos anos.

Pessoas como nós, parece, tornaram-se mais raras e começam a sentir-se isoladas, por isso é uma felicidade e um consolo saber no senhor ainda um amante e defensor da liberdade, da personalidade, da singularidade e da responsabilidade individual. A maioria de nossos colegas mais jovens e infelizmente até de nossa geração procuram outra coisa, isto é, uma postura de igualdade, seja a romana, luterana, comunista, seja outra qualquer. Incontáveis já efetuaram essa igualização até o autoaniquilamento. A cada afastamento de um antigo camarada para a Igreja ou o coletivo, a cada perda de um colega cansado ou desesperado demais para continuar sendo um solitário responsável por si mesmo, o mundo para nós se torna mais pobre, e mais difícil a continuação da vida. Penso que o senhor sente coisas semelhantes.

Receba ainda uma vez as saudações de um velho individualista que não pretende ligar-se a nenhuma das grandes engrenagens atuais."

(1951)

Duas experiências de agosto

No DIA PRIMEIRO DE AGOSTO, quase todos os anos, me visita uma pequena recordação, e também desta vez se anunciou, bateu de leve em meu ombro, uma lembrança daquele tempo ainda inocente de minha vida em que eu ainda não despertara para a desesperadora realidade, o reconhecimento da precária condição do ser humano em nossos tempos.

É dia primeiro de agosto de 1914, começo da Guerra Mundial, o dia que recordo, e o modo como vivi esse dia singular, um modo particular apesar de todas as atuais fanfarras, mostra minha pessoa como num retrato velho e meio desbotado, diferente do que fui dois anos depois, bem diferente do que fui dez anos mais tarde ou do que sou hoje em dia.

Naquele primeiro de agosto de 1914 eu, que muito pouco me interessara pelos "acontecimentos do mundo", e mal lera um artigo de fundo, assim como todo outro cidadão comum, fiquei profundamente assustado e abalado pelas notícias sobre a guerra inevitável, já declarada e iniciada; fiquei mais assustado do que admitia aos outros e a mim mesmo, mas susto e choque ainda não significavam uma metamorfose. E ainda que a vida política e pública do mundo de repente estivesse sob novas estrelas e novas leis, a vida pequena, a cotidiana no começo prosseguiu, não havia como desligá-la ou evitá-la, no início tudo aquilo era apenas coisa de soldados que já eram comandados para enfrentar o totalmente novo e terrível, para os quais não havia mais uma vida particular.

Eu não era soldado, nem fiquei espiritualmente mobilizado, ainda era inteiramente um homem privado, e naquele primeiro de agosto aguardava-me um dever inevitável, aliás agradável. Eu entregara por algum tempo aos cuidados de um professor no interior meu filho mais velho, que nos primeiros anos de colégio fora muito vulnerável a resfriados com febre alta, e com pulmões suspeitos. Era uma aldeiazinha em Sigriswil junto ao lago de Thun, e eu prometera a esse filho visitá-lo no dia primeiro de agosto, levando um belo pacote de fogos de artifício.

As loucuras dos soberanos e dos povos e a provável grande desgraça iminente não me livravam dessa promessa, e o fato de que dias antes o Conselho da Federação tivesse exortado a desta vez renunciar a festividades, pompas, barulho e fogos de artifício, não pôde me convencer a decepcionar o menino.

Assim, de manhã, saí de minha casa de Berna para a estação de trens, e a caminho entrei na famosa loja do senhor Blau, na qual toda a Berna costumava comprar seus fogos de artifício.

Nessa loja vi o quanto o mundo se modificara, e já não era o mesmo de ontem. A loja Blau normalmente estava repleta de gente no primeiro de agosto, e eu pensava ter de esperar um bocado. Mas a loja estava vazia, eu era o único freguês, rostos espantados voltaram-se para mim atrás do balcão comprido, e quando, agora um tanto constrangido, anunciei que desejava comprar uma série de foguetes e "luzes romanas", não perguntaram diretamente se eu estava doido, mas agiram como se naquele local nunca se houvessem vendido fogos de artifício, e me lembraram de que ainda ontem o Conselho da Federação afirmara expressamente...

Mas não me assustei, e disse que prometera fogos de artifício a alguns meninos e seu professor nas montanhas, não havia mais tempo de obter a permissão do Conselho, e que por favor me mostrassem os foguetes pois o trem partiria em quinze minutos.

Balançando a cabeça deixaram-me então escolher uma série de foguetes, rodas de fogo e luzes romanas, e viajei com elas. Mas dos lados de Thun veio ao meu encontro uma multidão de refugiados estrangeiros, montanhas de malas empilhavam-se dentro e na frente dos trens, pessoas nervosas, muitas em pranto, olhos fixos na confusão, e já separando-se umas das outras conforme sua nacionalidade.

Não preciso descrever mais, tudo foi descrito centenas de vezes. Pela multidão de estrangeiros em fuga e os primeiros soldados suíços que chegavam, foi difícil abrir meu caminho, que fiz a pé a partir de Gunten, e diante de quase todas as casas de camponeses haviam pendurado um uniforme para arejar.

Chegando ao meu destino, a alegria de meu menino e seus colegas me compensou do esforço, mas eu já não me pertencia inteiramente, nem ao meu filho nem ao motivo de minha vinda, já um pedaço de mundo, de realidade e horror se enfiara entre mim e minha atividade, e ainda que partilhasse com rosto alegre da pequena festa noturna dos meninos, e os encantasse com meus foguetes, só metade de mim estava presente. E os belos foguetes e as canções que os meninos cantaram já não pareciam tão reais, estavam recobertos por um véu de tristeza e medo, enredavam-se nas iminentes aflições e sofrimentos — um véu que a partir dali, por anos a fio, não se abriria mais, tornando-se cada vez mais escuro.

O que começou então dura até hoje, e, desde aquele dia, com sua tímida comemoração, repetidamente a guerra lançou sobre nossa vida suas chamas que cegam e suas profundas sombras, tornando-se coisa habitual, enquanto a paz e a alegria passavam a ser o raro e improvável.

Anteontem, bastante cedo de manhã, apareceu em minha casa um homem, um dos muitos expulsos e perseguidos, com quem a vida desde então nos reúne tantas vezes por algumas horas ou dias. O destino dele, embora seja o de muitos, tem muita coisa individual que o torna merecedor de um breve texto. Era um prisioneiro de guerra alemão que escapara de um remoto campo de prisioneiros nos Bálcãs. Acabava de atravessar a fronteira e tinha esperança de com trabalho obter o dinheiro da passagem até a fronteira alemã. Aconselhei-o a ir diretamente à polícia, contar sua história e pedir para ser transferido para a fronteira alemã.

Mas ele não queria isso. Se usasse desse expediente, na fronteira os suíços o entregariam aos franceses, e esses imediatamente prenderiam outra vez o prisioneiro fujão. Mas ele queria ir para casa, tinha de encontrar sua esposa e procurar trabalho, e o mais depressa possível também cuidar de sua própria saúde, pois sofria do coração e tinha os pés muito inchados, durante três anos fora forçado a realizar trabalhos pesados, e pouco recebera de comer além de pão e milho.

Muito bem, eu disse, ele estava com razão e eu queria ajudar. Ele comera naquele dia, e dormira em algum lugar à noite? Não,

não fizera nada disso, portanto sugeri que passasse o dia conosco, comesse direito e dormisse o máximo possível, e à noite, com uma passagem até a fronteira alemã na mão, poderia levar a cabo sua aventura, cuja parte mais difícil por sorte já superara.

Para ele, que se esgueirara pelos Bálcãs caminhando cautelosamente de noite, torturado por calor e fome e mais ainda pelo terror de ser descoberto e entregue, pois havia um prêmio em dinheiro para quem o prendesse, para ele realmente essa última etapa de sua anábase não continha grandes ameaças.

Embora enorme em altura, o andarilho tinha em si algo contido, recolhido e resignado, voz e fala baixas, abafadas, quase sobrenaturais, que desde aquele ano de 1914 eu vira em muitas pessoas com destino semelhante. Também falava do trabalho forçado, da fome e da doença que progredia, com aquele mesmo tom indiferente e resignado que pessoas nessa situação têm para com tais sofrimentos, e que parecem dizer: "Bom, é feio, é desagradável, mas tem coisa pior. Não vamos mais falar nisso!"

Mas para nós que não somos seres da guerra, que de nada sabemos, o absurdo e a crueldade desses três anos de prisão, o duro trabalho forçado, a doença e a grande aventura da fuga secreta por território extraordinariamente hostil não eram o que havia de mais singular e comovente na história dele, pois milhões tinham suportado a mesma coisa e bem pior ainda.

Para nós, o comovente e sinistro no destino desse Ulisses não era o que ele já sofrera, mas o que esperava por ele, e a cujo encontro mesmo assim estava indo, controlado e sem ilusões.

Esse homem há quatro anos fora tirado de seu trabalho como engenheiro em Berlim para o campo de batalha, e desde então não tivera outra notícia de sua mulher, exceto que depois dos severos bombardeios contra Berlim em 1944 ela deixara a cidade indo para sua terra natal no Reno.

Havia quase quatro anos ele nada mais soubera dela nem de sua família. Passara mais de três anos na prisão, e nesse tempo, apesar da Cruz Vermelha e todas as outras instituições e convenções bem-intencionadas, nem ele e nenhum de seus companheiros de campo de prisioneiros jamais recebera qualquer correspondência. Pelo menos os prisioneiros que se destacavam por trabalho e obediência haviam de raro em raro recebido permissão de escrever um cartão-postal para casa. Nada acontecera como resultado desses cartões, tinham sido apelos no vazio, nenhuma resposta viera jamais.

(1948)

A gralha

Quando eu voltar para meu tratamento em Baden não terei mais surpresas. Chegará o dia em que o último pedacinho da Goldwand terá sido oculto por uma construção, o belo parque das termas terá se transformado em fábrica, mas eu já não viverei para ver isso.

E, desta vez, na feia ponte torta para Ennetbaden mesmo assim me aguardava uma encantadora e singular surpresa. Costumo me permitir todos os dias nessa ponte, que fica a poucos passos dos hotéis das termas, alguns minutos de puro prazer, dando migalhas de pão às gaivotas.

Não aparecem a qualquer hora do dia, e mesmo que estejam nem sempre são abordáveis. Há tempos em que se sentam em longa fila no telhado dos imponentes banhos termais, vigiando a ponte e esperando que um dos passantes pare, tire pão do bolso e o jogue para elas.

As mais jovens e acrobáticas gostam quando jogamos o pão no ar, e aí estas pairam o quanto podem sobre a cabeça do doador de pão. Desta forma pode-se ver cada uma delas e tratar de que todas ganhem seu quinhão. Fica-se rodeado de uma gritaria atordoante, de lampejos, um bando esvoaçante e grasnante de vida intensa, fica-se parado, assediado e cortejado naquela nuvem branca e cinzenta que dispara sem parar gritos estridentes.

Mas várias gaivotas mais reflexivas e com pouco espírito esportivo permanecem longe daquele torvelinho, cruzando, vagarosamente, em voo rasante, a água rápida do Limmat, onde tudo é sossegado e sempre cai um pedacinho ou outro de pão que escapou aos acrobatas que lutam por eles no alto.

Há outras horas do dia em que não se vê gaivota alguma. Seja porque foram dar um passeio, uma viagem de treinamento ou uma excursão de seu grupo, seja porque mais abaixo no Limmat apareceu uma comida mais rica, todas sumiram.

E há outras horas em que o povo de gaivotas está ali mas nem pousa nos telhados nem se acotovela sobre a cabeça de quem as alimenta, mas voa e grita nervosamente bem perto das águas, rio abaixo. E não adianta acenar nem jogar pão, elas não ligam, estão ocupadas com brinquedos de pássaros e quem sabe de gente, com reuniões populares, com brigas, votação, pregões da Bolsa e sabe-se lá o que mais. Nem com cestos cheios de iguarias a gente as conseguiria tirar de seus negócios e jogos importantes e excitantes.

Mas desta vez, quando eu estava na ponte, sentava-se na balaustrada um pássaro preto, uma gralha muito pequena, e como não voasse quando eu me aproximava, fui-me esgueirando em direção dela passo a passo, cada vez mais devagar, e ela não demonstrava nem medo nem desconfiança, apenas curiosidade e atenção. Deixou-me chegar até a um passo de distância, observava-me com seus inquietos olhos de pássaro, e entortava a cabecinha coberta de um pó cinzento, como se dissesse: "E daí, velhote, de que se espanta?" E realmente eu estava assombrado.

Essa gralha estava habituada a lidar com gente, podia-se falar com ela, e já vinham algumas pessoas que a conheciam e saudaram dizendo: "Olá, Jacó!"

Procurei inteirar-me com elas e consegui várias informações sobre Jacó, mas todas um tanto desencontradas.

A pergunta principal não obteve resposta: onde morava o pássaro, e como chegara a se familiarizar assim com as pessoas. Alguém me disse que era uma ave domesticada, pertencia a uma mulher em Ennetbaden. Outros diziam que era livre, ficava onde lhe agradasse mais, por vezes entrava pela janela em uma saleta, pegava algo de comer ou desmanchava um pedaço de tricô. Um senhor obviamente conhecedor de pássaros constatou que era de uma espécie rara de gralhas, que, segundo ele, só existiam nas montanhas de Freiburg, vivendo ali nos rochedos.

Então passei a encontrar a gralha Jacó quase diariamente, sozinho ou com minha mulher. Eu a saudava e conversava com ela. Uma vez minha mulher usava sapatos de couro furadinho, deixando entrever pedacinhos das meias. Esses sapatos, sobretudo essas ilhotas de meia, deixaram Jacó grandemente interessado. Ele pousou no chão, mirou com seus olhos faiscantes, e bicou com paixão.

Várias vezes pousou em meu braço ou ombros, bicava meu sobretudo e minha gola, minha face e minha nuca, e puxava a aba de meu chapéu.

Ele não aprecia pão, mas tem ciúmes e às vezes fica bem zangado quando eu o dou às gaivotas em sua presença. Nozes ou avelãs ele sempre aceita, tirando-as com bico hábil da mão de quem as dá.

Mas o que mais gosta de fazer é bicar, sacudir, despedaçar e destruir coisas, plantar em cima sua pata pequena e com o bico ir estraçalhando tudo, um pedacinho de papel amassado, um resto de charuto Brissago, um pedaço de papelão ou restinho de tecido. E tudo isso, sentimos, não apenas por si própria mas por causa de quem assiste, e sempre há uma ou mais pessoas reunidas ali para ver. A gralha saltita no chão à frente deles, ou na balaustrada da ponte, alegra-se com aquela plateia, esvoaça sobre o ombro ou a cabeça de alguém, volta para o chão, analisa nossos sapatos e dá uma bicada forte em algum deles.

Diverte-se assim, bicando, sacudindo, puxando e destruindo, faz isso com uma alegria de moleque, mas o público também faz parte, tem de admirar, rir, gritar, sentir-se lisonjeado com aquelas provas de amizade, e assustar-se quando o pássaro vai bicando meias, chapéus e mãos.

A gralha não tem o menor medo das gaivotas com o dobro do seu tamanho e muito mais fortes do que ela; às vezes voa alto entre elas. E não lhe fazem mal nenhum. Por um lado ela, que mal toca o pão, não é concorrente delas nem estraga o seu brinquedo; por outro lado também, suspeito eu, elas a julgam um fenômeno, uma raridade, algo enigmático e um pouco sinistro.

A gralha é solitária, não pertence a nenhum povo, não segue nenhuma ética nem ordem nem lei; abandonou seu povo de gralhas onde era uma entre muitas, e voltou-se para o povo de humanos, que a admira e presenteia, a quem ela serve como bailarina de arame e palhaço quando tem vontade, de quem acha graça e cuja admiração afinal nunca lhe basta.

Preta, solitária e insolente, ela pousa entre as alvas gaivotas ou as pessoas coloridas, única de sua espécie, sem povo nem lar, por destino ou escolha; senta-se ali, coquete, com seus olhinhos penetrantes, observa o movimento na ponte e alegra-se quando poucas pessoas passam desatentas, e a maioria para um pouco ou mais tempo só por sua causa, olhando para ela e quebrando a cabeça para a compreender, chamando-a de Jacó e só lentamente seguindo seu caminho.

Ela não leva os humanos mais a sério do que convém a uma gralha, mas parece não os poder dispensar.

Quando, o que era muito raro, eu ficava sozinho com ela, podia lhe falar um pouco, numa língua de pássaros que em parte aprendi em parte inventei em minha meninice, vivendo com o nosso papagaio, língua essa que consistia em uma série de sons melódicos breves e guturais.

Eu me inclinava para o pássaro Jacó e conversava com ele em meu dialeto de meio-pássaro, em tom fraternal, ele deitava para trás a bela cabecinha, escutava com gosto e não se importava com nada, mas inesperadamente emergia nele de novo o palhaço e o moleque, pousava em meu ombro, agarrava-se bem e batia como um pica-pau em meu pescoço ou minha bochecha até eu me cansar daquilo e me libertar com algum movimento mais brusco. Ele então voltava a se sentar na balaustrada, divertindo-se e pronto para novos brinquedos.

Mas ao mesmo tempo olhava rapidamente para os dois lados da ponte para ver se não vinham chegando outras pessoas e outros triunfos.

Conhecia muito bem a sua própria condição, seu poder sobre nós, grandes animais desajeitados, sabia que era único e escolhido entre um povo estranho e inábil, e gostava imensamente, aquele bailarino de arame, aquele ator, de estar rodeado de gigantes admirados, comovidos ou risonhos.

Pelo menos comigo, conseguira o meu afeto, e quando eu o visitava sem o encontrar ficava decepcionado e triste.

Interessava-me mais por ele do que pela maioria dos meus semelhantes. E por mais que apreciasse as gaivotas e gostasse de suas manifestações belas, intensas e selvagens quando me parava rodeado por suas asas tatalantes, elas não eram uma pessoa, eram um povo, um bando; e mesmo que, olhando bem, eu reconhecesse e admirasse alguma delas como indivíduo, nunca as reconhecia depois de terem sumido da minha vista.

Jamais saberei onde nem como Jacó se afastou de seu povo e da segurança de seu anonimato, se escolheu ele mesmo seu destino extraordinário, trágico e brilhante, ou se o sofreu como violência. O mais provável é que tenha sido isso.

Deve ter caído do ninho bem novo ainda, sem saber voar, foi encontrado por pessoas que o levaram, cuidaram dele e o criaram. Mas a nossa fantasia nem sempre se contenta com o provável, e gosta de brincar com o remoto e sensacional. E assim também eu imaginei duas outras possibilidades, além da que era a mais provável.

Era plausível, ou imaginável, que esse Jacó fosse um gênio, desde cedo tendo um grau mais do que normal de individuação e diferenciação, sonhando com façanhas, sucessos e honrarias que a vida das gralhas e o povo das gralhas não conheciam, que com isso se tivesse tornado um *outsider* e um solitário, que, como o adolescente de Schiller, tivesse escapado do bando selvagem dos irmãos e errasse sozinho até por algum feliz acaso o mundo lhe abrir aquela porta para o reino do belo, da arte e da fama com que sonham desde sempre todos os gênios.

Mas a outra fábula que inventei era a seguinte: Jacó era um malandro, um moleque e boa-vida, o que não exclui de modo algum que tenha sido um gênio. Tivera pai, mãe e irmãos e parentes, finalmente deixara primeiro atônitos depois deliciados seu povo ou sua aldeia, com tantas malcriações e artes; desde cedo passara por ser atrevido e incômodo, ficara cada vez mais insolente, e tanto incomodara casa paterna, vizinhança, povo e conselho, que por fim se rebelaram contra ele, acabaram expulsando-o solenemente da comunidade, e dela foi banido para sempre, mandado para o deserto como aquele bode expiatório.

Mas, antes que definhasse e morresse, encontrara os humanos, e, superando seu natural temor daqueles gigantes desajeitados, aproximara-se deles e ligara-se a eles, encantando-os com sua natureza alegre e sua singularidade, de que há muito tinha consciência; e assim encontrara o caminho para a cidade e o mundo humano, e neles o seu lugar como palhaço, ator, raridade e criança prodígio.

Tornara-se o que hoje é: querido de um público numeroso, cortejado e cortejador de damas e cavalheiros idosos, amigo das pessoas e ao mesmo tempo desprezando-as, artista do monólogo num pódio, mensageiro de um mundo que os desajeitados gigantes desconhecem, para uns moleque, para outros sombrio aviso, objeto de riso, aplauso, amor, admiração, compaixão, para todos um ator, e um problema para os mais pensativos.

Os pensativos — há sem dúvida muitos outros além de mim —, em nossos pensamentos e pressuposições, nosso saber e nossa capacidade de fabulação, não nos voltamos apenas para a enigmática origem e o passado de Jacó. Sua aparição, que tanto desperta a fantasia, nos força a também dedicar algumas considerações ao seu futuro. Fazemos isso com hesitação e um sentimento de repulsa e tristeza; pois o provável e possível fim de nosso queridinho será violento. Por mais que tentemos imaginar para ele uma morte natural e pacífica, talvez na saleta aquecida e aos cuidados daquela lendária mulher em Ennetbaden a quem dizem que ele "pertence", todas as probabilidades contrariam isso.

Um animal que passou da liberdade e vida selvagem, da proteção de uma comunidade e tribo para o meio dos seres humanos e da civilização, pode ter muito talento para adaptar-se ao ambiente estranho, pode se aperceber da maneira mais genial de todas as vantagens de sua situação única, mas essa mesma situação esconde incontáveis perigos, de modo que dificilmente ele conseguirá escapar. Sentimos calafrios imaginando esses terríveis perigos, desde um choque da corrente elétrica até ficar fechado num quarto com gato ou cachorro, ou ainda ser apanhado e torturado por meninos cruéis.

Há relatos de povos da pré-história que todos os anos escolhiam um rei, ou o sorteavam. Um adolescente desconhecido, pobre e muito bonito, talvez um escravo, via-se de repente vestido com trajes riquíssimos e feito rei, era recebido por palácio ou tenda luxuosa da majestade, criados solícitos e belas jovens, cozinha, adega, estábulos e orquestra, riqueza e pompa eram agora sua realidade.

Assim o novo governante desfrutava de dias festivos, semanas, meses, até passar um ano. Então era amarrado, levado ao cadafalso e executado.

Nessa história que li há décadas e que nunca tive ocasião nem vontade de conferir, nessa história brilhante e cruel, bela e mortal, eu pensava às vezes contemplando Jacó, que bicava avelãs da mão de uma dama, dando um golpe mais forte numa criança atrevida demais, ouvindo interessado e com certa benevolência minha fala de papagaio ou destroçando diante de espectadores encantados uma bola de papel no chão, segurando-a numa pata enquanto sua cabeça singular e suas penas cinzentas espetadas no alto pareciam exprimir a um tempo ira e divertimento.

(1951)

Sobre a velhice

A VELHICE É UMA FASE de nossa vida, e, como todas as outras, tem seu rosto próprio, atmosfera e temperatura próprias, alegrias e aflições próprias.

Nós, velhos de cabelos brancos temos, como todos os nossos semelhantes mais jovens, uma tarefa que dá sentido à nossa vida, e mesmo um doente grave, um moribundo, que em sua cama mal consegue perceber o chamado da vida, tem sua missão, tem algo importante e necessário a realizar.

Ser velho é uma tarefa tão bonita e sagrada quanto ser jovem, aprender a morrer e morrer é uma função tão valiosa quanto outra qualquer — desde que seja realizada com respeito pelo sentido e pela sacralidade de toda a vida. Um velho que apenas detesta e teme ser velho, ter cabelos brancos e ver a morte se aproximar, não é um representante digno de sua fase de vida, assim como um jovem forte que odeia sua profissão e seus trabalhos diários e busca esquivar-se deles.

Em resumo: para cumprir seu sentido enquanto velho e realizar sua tarefa, é preciso concordar com a velhice e tudo o que ela traz consigo, é preciso dizer-lhe Sim. Sem esse Sim, sem a entrega àquilo que a natureza exige de nós, perdemos o valor e o sentido de nossos dias, sejamos velhos ou moços — e assim traímos a vida.

Todos sabem que a velhice traz consigo dificuldades e que no fim dela está a morte. É preciso ano após ano fazer sacrifícios e renúncias. É preciso aprender a desconfiar dos sentidos e das forças.

O caminho que há pouco ainda era uma breve trilha para passeio torna-se longo e difícil, e certo dia não o podemos mais cumprir.

As comidas que toda a vida gostamos tanto de comer precisam ser abandonadas. As alegrias e os prazeres físicos se tornam mais raros, e seu preço é cada vez mais alto.

E depois todas as fragilidades e doenças, o enfraquecimento dos sentidos, a paralisação dos órgãos, as muitas dores, por vezes em longas e assustadoras noites — nada disso se pode negar, é amarga realidade.

Mas seria pobre, e triste, entregar-se apenas a esse processo de deterioração sem ver que também a velhice tem suas coisas boas, suas vantagens, suas fontes de consolo e suas alegrias. Quando os velhos se encontram não deveriam falar apenas do maldito reumatismo, dos membros enrijecidos e da dificuldade em respirar ao subir escadas, não deveriam trocar apenas seus sofrimentos e suas irritações, mas também suas experiências e vivências alegres e consoladoras. E há muitas.

Quando lembro desse lado positivo e belo na vida dos velhos, e digo que nós, de cabelos brancos, também conhecemos fontes de força, paciência e alegria que não existem na vida de um jovem, não falo dos consolos da Igreja e da religião. Isso é assunto dos padres.

Mas posso nomear com gratidão algumas das dádivas que a idade nos oferece. Para mim o mais precioso é o tesouro de imagens que trazemos na memória depois de uma longa vida, e ao qual, na medida em que desaparece a atividade, nos dedicamos com uma capacidade muito maior que antes.

Figuras humanas e rostos de pessoas que não vivem mais nesta terra há sessenta ou setenta anos continuam vivos em nós, nos pertencem, e nos fazem companhia, olham-nos com olhos muito vivos.

Vemos intocados, como eram antigamente, casas, jardins, cidades que já desapareceram ou se modificaram totalmente; reencontramos montanhas distantes e costas de mar, que vimos décadas atrás em nossas viagens, frescas e coloridas nesse álbum da memória.

Olhar, contemplar, observar, torna-se cada vez mais um hábito e um exercício, e imperceptivelmente todo o nosso comportamento é contagiado pelo estado de espírito e a postura de um contemplativo. Atormentados por desejos, sonhos, anseios e paixões como a maioria das pessoas, corremos pelos anos e pelas décadas de nossa vida, impacientes, tensos, cheios de expectativa, intensamente excitados por realizações ou decepções — e hoje folheamos cuidadosamente o grande livro de figuras de nossa própria vida, admirando-nos de como pode ser bom e bonito termos emergido daquela corrida e caçada, chegando à vida contemplativa.

Aqui nesse jardim de anciãos florescem muitas flores que antigamente mal teríamos pensado em cultivar. Aqui nasce a flor da paciência, uma erva nobre, nós vamos ficando mais indiferentes, mais tolerantes, e quanto menor se torna nosso anseio de agir e intervir, tanto maior fica nossa capacidade de observar a vida da natureza e a vida dos nossos semelhantes, e ouvi-la, deixá-la passar diante de nós sem crítica mas com sempre renovado assombro por sua multiplicidade, às vezes com compaixão e silenciosa piedade, às vezes com riso, com alegria clara e com humor.

Recentemente eu estava parado em meu jardim, acendera uma fogueira e alimentava-a com galhos secos e folhas. Chegou então uma velha senhora de uns oitenta anos de idade, passou pela sebe do espinheiro-branco, parou e ficou me olhando.

Saudei-a, ela riu e disse:

— O senhor faz muito bem com essa sua fogueirinha. Na nossa idade é preciso começar a nos familiarizarmos com o inferno.

Com isso fora dado o tom de uma conversa em que nos queixamos de uma série de sofrimentos e renúncias, mas sempre em tom de brincadeira. E no fim desse diálogo admitimos que, apesar de tudo, ainda não éramos tão horrivelmente velhos, mal passaríamos por verdadeiros anciãos, desde que em nossa aldeia ainda vivesse a mais velha de todos, a mulher de cem anos.

Quando pessoas muito jovens, com a superioridade de sua força e sua ignorância, riem às nossas costas e acham graça de nosso andar difícil, nossos cabelos brancos e ralos e nossos pescoços enrugados, lembramos como um dia, de posse da mesma força e ignorância, nós mesmos sorrimos assim, e não nos sentimos inferiorizados nem vencidos, mas nos alegramos ao ver que saímos dessa fase da vida e nos tornamos um pouquinho mais sábios e mais tolerantes.

(1952)

Sobre a palavra "pão"

Nós ESCRITORES DEPENDEMOS DA PALAVRA, ela é nosso instrumento, que ninguém jamais consegue dominar inteiramente. Pelo menos de mim posso dizer que desde que entrei na escola há mais de setenta anos nada fiz com tanta tenacidade e persistência quanto me esforçar para conhecer e dominar o idioma alemão, e que ainda me sinto nisso como um espantado iniciante que, encantado, meio assustado e meio feliz, se deixa introduzir nos enganosos jardins do alfabeto do qual se consegue compor, com um montinho de letras, palavras, frases, livros e imagens gráficas do universo inteiro.

Fundamento e primeiros elementos da linguagem são as palavras. No trato com elas descobrimos em breve que quanto mais velha uma palavra, tanto mais vitalidade e poder de invocação ela tem. Os nomes com que no Paraíso Adão invocou as árvores e as flores continham outras forças, mais profundas do que aquelas com que mais tarde o meritório Linné as revestiu.

Quase todos os nossos idiomas são bastante velhos, mas seu vocabulário muda constantemente. Palavras podem adoecer, podem morrer e desaparecer para sempre, cada dia podem entrar novas palavras no corpo de qualquer idioma.

Mas esse crescimento é igual a qualquer progresso: podemos nos admirar com a capacidade de uma língua de inventar designações para novas coisas, novas relações, novas funções e necessidades da vida humana, mas em breve, ao observar melhor, percebemos que de cem palavras aparentemente novas noventa e nove são apenas combinações mecânicas de coisas já existentes, nem são palavras reais e legítimas, mas apenas designações, recursos de emergência.

O que foi acrescentado em novos vocábulos às nossas línguas nos dois últimos séculos é imenso e espantoso em quantidade, mas em peso e expressividade, em substância linguística, em beleza e real valor, é paupérrimo — essa riqueza aparente é uma espécie de mágica de inflação.

Peguemos qualquer página de qualquer jornal, e deparamos com dúzias desses vocábulos que recentemente nem existiam, e não sabemos se depois de amanhã ainda existirão. Tais palavras, tiradas imparcialmente de uma folha de jornal, são algo como: subassociação [Tachtergesellschatt] — derramamento de dividendos [Dividendenausschüttung] — oscilação de rentabilidade [Rentabilitätsschwankung] — bomba atômica [Atombombe] — existencialismo. São longas palavras complicadas e impressionantes, mas todas têm a mesma falha, falta-lhes uma dimensão, elas designam mas não convocam, não vêm debaixo, da terra e do povo, mas vêm de cima, das salas de redação, dos escritórios industriais, dos gabinetes das autoridades.

Velhas palavras, legítimas, adultas, douradas, sólidas e plenas são: pai, mãe, antepassados, terra, árvore, montanha, vale. Todas são compreendidas tanto pelo pastorzinho quanto pelo professor ou senador, cada uma delas não fala apenas à nossa razão, mas aos nossos sentidos, cada uma evoca uma nuvem de lembranças, imagens e sons, cada uma significa algo eterno, indispensável e inescapável.

Dessas boas palavras significativas faz parte também a palavra "pão". Basta pronunciá-la e entregar-se ao que ela significa, e já todas as nossas forças vitais do corpo e da alma são convocadas e entram em atividade. Estômago, céu da boca, nariz, língua, dentes e mãos falam, e na alma despertam centenas de lembranças, recordamos a mesa de jantar da casa paterna, ao redor os vultos amados e familiares da nossa infância, pai ou mãe cortam os pedaços de pão, tamanho e grossura conforme idade ou fome de quem os vai receber, nas xícaras fumega o leite matinal.

Ou nos assalta intensamente a lembrança do aroma que vinha da casa do padeiro ainda de madrugada, quente e nutritivo, excitante e apaziguador. Despertando fome e também a saciando. Vemos novamente a velha empregada pondo a mesa, colocando sobre a toalha o prato redondo de madeira grossa e em cima o pão, pesado e brilhando de leve em sua redondez marrom, no lado achatado a farinha opaca, junto dele a grande faca com lâmina larga e cabo de madeira de lei.

Lembramos também por toda a história do mundo mil cenas e imagens em que o pão teve papel importante, palavras de poetas se anunciam e as muitas palavras da Bíblia, e por toda parte, além do significado comum do cotidiano, o pão teve também um sentido mais elevado, até a comparação do Salvador na Santa Ceia — não conseguimos mais controlar tantas lembranças, elas jorram de quadros de pintores famosos e de todos os reinos da gratidão e da devoção humanas, até o som místico na Paixão de Bach: "Tomai e comei, este é o meu corpo."

Em vez dessa pequena reflexão, também se poderia escrever sobre a palavra "pão" um livro inteiro.

O povo, que é quem cria e preserva a língua, encontrou expressões de carinho e gratidão para o pão, das quais basta que eu mencione duas para despertar novamente uma série de analogias. O povo gosta de falar do "bom pão" e os italianos e moradores do Tessino, quando querem dizer que uma pessoa é realmente boa, dizem que é "boa como pão".

(1959)

Marcha fúnebre

(Em memória de um camarada da juventude)

PENSO QUE NO *JOGO DAS CONTAS DE VIDRO* se fala de associações privadas, especialmente da ligação de determinados ritmos de uma obra musical com vivências igualmente pessoais.

Recentemente, descansando enquanto ouvia rádio, fui lembrado disso. Eu escutava um jovem pianista tocar Chopin e ouvia a ele e a Chopin como se costuma escutar música quando o corpo está cansado, com meia atenção, um tanto distraído e passivo, antes entregue aos encantos melódicos do que seguindo as linhas da construção.

Então tocaram o mais conhecido dos Estudos de Chopin, uma peça que aprecio menos do que a maioria das outras desse mestre, de modo que minha atenção baixou ainda mais e quase adormeceu.

Mas de repente o pianista iniciou os primeiros acordes da "Marcha Fúnebre", e despertei de súbito como por um golpe inesperado, mas não despertei para fora, para nova entrega à música, e sim interiormente, no país das lembranças.

Pois a "Marcha Fúnebre" de Chopin faz parte daquelas peças que se associam com vivências em minha vida, que através de tantas décadas infalivelmente ressurgem sempre que as escuto.

Não consigo lembrar a primeira vez que ouvi essa marcha, embora na juventude Chopin tenha sido meu músico predileto. Até meus vinte anos, além dos oratórios na igreja e alguns concertos, eu só ouvira música em casa, e Chopin, com as sonatas de Beethoven, Schumann e Schubert, era dos compositores preferidos. Eu já conhecia de cor desde menino as doces e tristes melodias de algumas valsas, mazurcas e prelúdios.

A "Marcha Fúnebre" eu ouvira mas nunca vivenciara. Essa experiência veio mais tarde, durante meus anos de aprendiz de livreiro em Tübingen. Certo dia eu estava na Livraria Heckenhauer arrumando uma pilha de clássicos Teubner segundo ordem alfabética dos autores, e era um dia especial. Seria enterrado nesse dia um estudante, não qualquer um, mas um colega de escola meu, de Maulbronn, portanto, um universitário que eu conhecera menino. Que também ali em Tübingen eventualmente ainda via e com quem falava.

Desde a morte de meu avô Gundert, havia uns seis ou sete anos, eu nunca mais tivera essa experiência de quando a morte arranca uma alma de perto de mim, do meu círculo de vida pessoal, e agora, pela primeira vez, embora esse pobre estudante fosse menos ligado a mim do que meu avô, era suficientemente diferenciado e próximo para que eu sentisse o calafrio do Além, vivendo esse fato como algo mais do que mera sensação.

E quando no dia anterior soube da notícia da morte de meu antigo colega Eberhard, senti na minha pele a mão fria da amiga Morte ou de sua sombra, foi a primeira vez que não encarei uma morte apenas como perda ou destino de outrem, mas como alguém que também já foi tocado e incluído.

E além disso a morte de nosso Eberhard não foi comum, ele não morreu do pulmão ou de tifo, mas por sua própria mão, matando-se com um tiro.

Na pacífica Tübingen, naqueles tempos no fim do século passado, um enterro de estudante era um fato raro assistido por toda a cidade, especialmente um suicídio de estudante.

Universidade e estudantado naqueles tempos também eram comunidades vivas com forte espírito comunitário, leis e costumes invioláveis: se enterrava-se um estudante, não apenas amigos ou colegas de turma o acompanhavam ao cemitério, mas muitos universitários e cidadãos que não o tinham conhecido participavam; era questão de honra que todas as ligas de estudantes enviassem delegações para as cerimônias fúnebres.

Assim lá estava eu na Livraria Heckenhauer, mãos ocupadas com autores gregos, mas pensamentos com Eberhard e o iminente cortejo fúnebre, quando de uma ruela vizinha começou a soar uma música de instrumento de sopro, patética e melancólica, aproximando-se lentamente. Meus colegas mais velhos já a tinham escutado nos fundos da livraria e saíram, depois também eu saí da loja, e ficamos parados vendo o cortejo com o cadáver aproximar-se lentamente, lentamente, na frente o carro preto com o caixão coberto de flores, atrás, solene, o cortejo das delegações e corporações com faixas, botas altas, braçadeiras e espadas baixadas, e também as corporações de universitários, no meio a banda da cidade, um longo cortejo colorido e solene por cima do qual tatalava como uma bandeira de luto aquela música de Chopin, pesada e melancólica, de um luto opulento, esse patético ritmo de marcha que eu ouvira muitas outras vezes em minha vida, sempre com a memória dolorosa dessa hora.

Entre as paredes das casas e o imenso edifício da igreja as ondas de música de sopro se acumulavam em nós, perturbadoras, e enquanto pensava no pobre morto que conhecera pouco mas de quem singularmente tinha gostado, incomodava e doía-me um pouco o comportamento de meus colegas e muitos outros espectadores ao redor da praça e nas janelas, cujos rostos me pareciam não mostrar nem dor nem unção, apenas curiosidade e entretenimento.

Lento, lento e mesmo assim rápido demais para meu gosto, o cortejo fúnebre passou e desapareceu, mas a bela e terrível música de luto ainda se escutou um bom tempo na garganta da rua em que mergulhara o espetáculo, e foi repugnante e doloroso para mim voltar da elevada esfera daquela comemoração para a livraria com seu empoeirado cotidiano.

Já naqueles tempos, e repetindo-se cada vez mais tarde, sempre que essa música transbordante de melancolia me recordava o caro Eberhard, eu me dava conta, singularmente, de como sabia pouco a respeito dele, e de como, mesmo assim, esse pouco me era querido e importante.

Muitas vezes com intervalos de anos peguei de novo o fio de minhas lembranças dele, e sempre me admirou como era curto esse fio. Eu tivera colegas de escola bastante indiferentes, mas dos quais guardava muitas memórias: rostos de colegial, frases cômicas, apelidos, aventuras e passeios da escola, ou brinquedos de índio e mocinho. Com Eberhard era o contrário: com exceção de um fato inesquecível no salão de concertos de Maulbronn, não havia experiências escolares com ele. Eu nem sabia se ele fora um bom ou mau aluno, se tocava música ou tinha outros interesses pessoais, nem me lembrava de ter jamais visto a sua letra. Mesmo assim algo dentro de mim sabia tanto a respeito dele que na notícia de sua voluntária morte senti dor e compaixão, mas nenhuma surpresa.

Fazia parte da imagem que eu tinha dele que essa morte não fosse contraditória, muito antes combinava com ele, eu a considerava adequada à sua vida, e com algum exagero teria podido dizer que na verdade esperara por ela.

E essa imagem recordada chamada Eberhard não estava nem borrada nem incompleta, era precisa e nítida, tanto quanto as imagens de colegas que tinham sido meus amigos, ligados a mim por muitas conversas e experiências em comum.

O Eberhard que eu conhecia ou pensava conhecer dos tempos de meninice em Maulbronn, cujo rosto e vulto depois de mais de sessenta anos ainda recordava exatamente, era, entre nosso bando de mais de quarenta internos, daqueles que pareciam mais velhos do que sua idade. A maioria de nós parecia ter a mesma idade, eram simplesmente meninos de catorze anos. Alguns, embora nada mais novos, pareciam nossos irmãos menores, pelos rostos infantis ou baixa estatura, e alguns poucos pareciam mais velhos, mais maduros e quase adultos.

Eberhard estava entre eles. Vejo-o bastante alto, magro e um pouco desajeitado, rosto ossudo, com ar fechado, tímido e nada infantil, com timidez e estranheza inatas parecendo apartar e isolá-lo dos demais.

Isso expressava-se em sua postura, dominada por inibições que a deixavam tolhida e forçada, e mais ainda em seu olhar.

Esse olhar, junto com aquela estranha postura tensa, poderia passar por timidez, mas não era, não lhe faltava autoestima.

115

Não, ele não era tímido, apenas um tanto reservado e velho, muito estranho, muito esquivo, sempre defendendo-se de intimidades com um mundo em que certamente aquele jovem sério não cabia direito, em que não conseguia ou queria se sentir à vontade.

Naquele tempo em que ainda éramos meninos eu vi todos aqueles sinais, sentia-os exatamente sem os poder interpretar, e não duvido de que também eu, como todos, eventualmente feri esse tímido isolado em sua solidão e sua reserva, aborrecendo ou assustando-o. Nunca o fiz consciente e voluntariamente, pois lembro bem que achava aquela solidão e reserva do calado rapaz esquisita e chamativa, mas também respeitável. Ele, aparentemente indefeso, era rodeado daquela estranheza e sensibilidade como por uma nuvem ou aura que também significava uma distinção, uma espécie de nobreza.

Mas agora devo contar também a pequena história que sei a respeito de Eberhard. Toda a meninada de Maulbronn aquela vez viveu a mesma história e a recordou incontáveis vezes, faz parte das muitas anedotas em torno da pessoa do nosso éforo, e foi guardada e sempre contada por causa desse homem. Só depois da morte de nosso colega essa história, aparentemente apenas uma cômica história de colégio, assumiu um tom de gravidade e algo de sinistro.

Nosso éforo, o diretor do seminário, passava por bom estudioso de hebraico e era um homem de vários talentos, muito interessante, não era bom diretor nem educador, e infelizmente não era um caráter confiável, mas instigante e por vezes fascinante, bom declamador e ator, que sabia desempenhar tão bem o papel de sedutor quanto de inatingível ou de majestade ofendida.

116

Seus ditos e achados eram apreciados e colecionados por todos os alunos, estimulavam a repetir e imitar, e muitos deles foram famosos anos a fio como clássicas flores de cátedra entre os humanistas suábios. Assim, certa vez, numa aula de hebraico, ele leu a história do pecado original com um *pathos* apaixonado, no idioma original, e naquele chamado de Jeová que em alemão é: "Adão, onde estás?", o encantado filólogo irrompeu nas entusiásticas palavras: "Jovens amigos, como terá soado *forte implicitum* nos lábios divinos esse!"

Em outra ocasião, esse homem singular, que por vezes também gostava de bancar o saudável e enérgico que não era, nos enfrentou novamente como professor. Andava com passo elástico entre sua mesa e a lousa, lançava-nos olhares ora benevolentes ora cheios de censura, tinha olhos muito expressivos e saboreava sua própria pompa e poder.

Então seu olhar prendeu-se no aluno Eberhard, sentado encolhido e ausente, absorto em si mesmo com olhos semicerrados, talvez sonolento e cansado, talvez pensando intensamente em algo que nada tinha a ver com escola e hebraico.

Logo o grande ator começou a desenvolver um jogo de expressões, seu rosto manifestou espanto, leve desagrado, um pouco de zombaria, a passo elástico em sola fina aproximou-se do sonhador e subitamente o interpelou com voz metálica:

— Eberhard! Você pretende ser um jovem alemão? Sentado desse jeito como uma florzinha de caule quebrado!

Todos olhamos para lá, divertidos e curiosos, e vimos Eberhard endireitar sua postura inclinada, recompor-se, perturbado e piscando muito, encarando, desamparado, o mímico à sua frente.

Como eu disse, todos ou quase todos consideraram o fato engraçado, estávamos inclinados a achar graça não apenas do diretor com sua encenação, mas também do jovem assustado. A maior parte de nós só anos mais tarde, depois da morte de nosso colega, começou a ver tudo aquilo sob outra luz, assim como eu; e com os anos, para mim, aquela apreciada anedota cômica foi-se revestindo cada vez mais de algo sinistro e exemplar, o vaidoso herói da cátedra aos poucos se tornou a imagem de poder agressivo, enquanto o outro representava perdido desamparo e indefesa fragilidade do sonhador ou pensador, do isolado ou inadequado.

Aquilo fora um choque entre mundo e alma, entre robusta realidade e sonho. Um confronto como Jean Paul representa de maneira inesquecível e insuperável na cena em que depois da noite de terror na estalagem Flätzer, o soldado bate no ombro do capelão militar Schmelzle gritando: "E então, cunhado, como passou a noite?"

Não tenho outra lembrança de Eberhard dos tempos de Maulbronn. Nossa camaradagem de colegiais durou apenas alguns meses; deixei a escola do convento antes da época normal, e só alguns anos depois, já livreiro em Tübingen, reencontrei ali colegas de escola agora como universitários. Também reencontrei Eberhard, mas sem nos aproximarmos realmente. Mesmo assim encontrei-o algumas vezes na rua, nós nos cumprimentamos amavelmente, trocamos algumas palavras e seguimos nossos caminhos.

Só uma única vez falamos um pouco mais. Ele perguntou por meus interesses e minhas ocupações, eu falei alegremente de minhas leituras, meus estudos sobre Goethe e Novalis, e ele ouviu comportadamente, mas com aquele velho olhar que parecia vir de muito longe, de um lugar estranho, que não mudara naqueles anos, e que me dizia que minhas palavras só atingiam o seu ouvido.

Nunca tivemos outro encontro, mas minha solidariedade e quase amor por ele permaneceram. Sua estranheza, solidão e fragilidade despertavam em mim não apenas uma espécie de compaixão, eu as compreendia abaixo ou acima do racional porque também existiam em mim como pressentimento ou possibilidade. Verdade que meu temperamento era bem diferente, mais mutante e móvel, mais animado e tendendo à brincadeira e ao convívio, mas solidão e sentimento de isolamento entre os outros eram coisas que eu conhecia bem.

Aquele estar parado à beira do mundo, naquela fronteira da vida, aquele estar perdido e fitando um nada ou um além, que faziam parte da natureza de Eberhard e sua postura permanente, também a mim por horas ou momentos tornava a vida questionável e perturbava o gosto que eu podia ter nela.

Ali onde ele parecia parado ou agachado sempre e todos os dias, eu também já estivera. Só que sempre tinha conseguido voltar a respirar dentro do familiar e ordenado, onde era mais fácil estar.

Eram essas as lembranças, as exortações, os pensamentos e os estados de espírito que moviam tão forte e doloridamente meu coração quando, com a "Marcha Fúnebre" retumbando aos meus ouvidos, vi desaparecer o caixão do melancólico, e atrás dele o longo cortejo solene; e voltavam a me dominar sempre que eu escutava a mesma música. Ela invocava em mim a figura de nosso Eberhard, com aquele modo inseguro e contraído de segurar cabeça e ombros, com os belos traços tristes e o olhar manso sempre fitando o insondável.

Contrariando meus hábitos, nunca procurei saber datas e relatos de sua breve vida, pois pensava saber o essencial. Mas muitos, muitos anos depois fiquei sabendo de outra coisa mais. Tive diante dos olhos a imagem de um jovem escritor importante que morreu cedo, a quem eu apreciava com a mesma mistura de amor e compaixão, entendimento e estranheza que meu colega de Maulbronn. O belo rosto adolescente de olhar dolorido era singularmente parecido com o de Eberhard. O jovem escritor morto, de olhar melancólico, chamava-se Franz Kafka.

(1956)

O pequeno limpador de chaminés

Na terça-feira de Carnaval à tarde minha mulher teve de ir rapidamente a Lugano. Convenceu-me a ir com ela, e poderíamos assistir um pouco aos mascarados ou a algum desfile que estivesse passando. Eu não estava com grande vontade, há semanas torturado por dores em todas as juntas, e, meio paralisado, só pensar em vestir o sobretudo e entrar no carro me aborrecia.

Mas, depois de alguma resistência, adquiri coragem e disse que sim.

Partimos, fui desembarcado no cais, e minha mulher seguiu adiante procurando um lugar para estacionar, enquanto eu aguardava com Kato, a cozinheira, à luz tênue mas perceptível do sol, no meio de um movimento animado mas ordenado. Já em dias comuns Lugano é uma cidade marcadamente alegre e amável, mas naquele dia parecia rir animada e divertida em todas as ruelas e praças, riam os trajes coloridos, riam os rostos e as casas na *piazza* com janelas lotadas de pessoas e mascarados, nesse dia até o barulho estava rindo.

Ele consistia em gritos, ondas de risos e chamados, farrapos de música, o berreiro engraçado de um alto-falante, guinchos e gritinhos de susto nada sérios das moças em quem os rapazes jogavam punhados de confete com a evidente intenção de meter um punhado de papeizinhos na boca das que serviam de alvo. O asfalto das ruas estava coberto daquele papel colorido, passava-se debaixo das arcadas como que pisando em areia ou musgo macios.

Minha mulher logo voltou e nos instalamos em uma esquina da Piazza Riforma. A praça parecia ser o centro da festividade. Praça e calçadas repletas de pessoas, entre cujos grupos coloridos e ruidosos, além do constante ir e vir de casais ou grupos passeando, havia uma multidão de crianças fantasiadas. E no outro lado da praça tinham construído um palco no qual várias pessoas atuavam diante de um alto-falante: um apresentador, um cantor popular com guitarra, um palhaço gorducho e outros. A gente escutava ou não, entendia ou não, mas de qualquer modo ria quando o palhaço mais uma vez dizia uma piada, atores e povo atuavam juntos, palco e plateia instigavam-se mutuamente, era uma troca permanente de benevolência, instigação, diversão e riso.

Também um adolescente foi mostrado pelo apresentador ao público, um jovem artista diletante e talentoso, que nos encantou com a imitação perfeita de vozes de animais e outros ruídos.

Eu pedira que só ficássemos na cidade um quarto de hora. Mas ficamos bem uma meia hora, olhando, ouvindo, e estávamos contentes. Para mim atualmente estar numa cidade entre pessoas, ainda mais durante alguma festividade, é algo bem inusitado e meio assustador, meio embriagador, pois vivo sozinho semanas e meses a fio em meu ateliê e meu jardim, raramente ainda me disponho a cumprir o trajeto até a nossa aldeia ou mesmo até o fim de nossa propriedade.

E de repente, rodeado de uma multidão, eu estava no meio de uma cidade que ria e brincava, ria com eles e saboreava a visão daqueles rostos humanos tão vários, surpreendentes e alternantes, mais uma vez era um entre muitos, participando.

Naturalmente isso não duraria muito, logo os pés frios começariam a doer, as pernas cansadas e doloridas diriam basta e desejariam estar em casa, logo a breve e bela embriaguez de ver e ouvir, de contemplar mil rostos tão singulares, belos e interessantes, ou escutar tantas vozes falando, rindo e gritando, atrevidas ou mansas, agudas, profundas, cálidas ou ásperas vozes humanas, me deixaria exausto e esgotado. A alegre entrega àquela opulência de prazeres para olhos e ouvidos seria seguida pelo abatimento e aquele medo, quase tontura, diante do assédio daquelas impressões que eu não controlava mais.

"Conheço isso, conheço isso", diria Thomas Mann citando pai Briest. Bem, se a gente se esforçasse por refletir um pouco, não era só a fragilidade da velhice a culpada daquele medo do excesso, da plenitude do mundo, do brilhante malabarismo de Maia.

Também não era apenas, para falar com o vocabulário dos psicólogos, a timidez do introvertido diante da imposição do mundo ao seu redor. Havia outros motivos melhores para esse leve medo que parecia uma vertigem e uma fadiga. Vendo meus vizinhos, que durante aquela meia hora estiveram parados ao meu lado na Piazza Riforma, pareciam-me peixes na água, indiferentes, cansados, satisfeitos, descompromissados. Parecia-me que seus olhos bebiam as imagens, e seus ouvidos, os sons, como se por trás dos olhos não houvesse um filme, um cérebro, um depósito ou arquivo, e atrás do ouvido, um disco ou fita, constantemente ocupados colhendo, juntando, registrando, obrigados não apenas ao prazer mas muito mais ao armazenamento e eventual repetição, obrigados a uma alta precisão em tudo aquilo.

Em resumo, eu mais uma vez não estava ali como público, como espectador e ouvinte irresponsável, mas como pintor, com caderno de esboços na mão, trabalhando tenso.

Pois era essa a nossa maneira, a dos artistas, de saborear e comemorar, e constava de trabalho, dever, sendo mesmo assim prazer — na medida em que as forças bastassem, na medida em que os olhos suportassem aquelas andanças entre cenário e caderno de desenhos, na medida em que os arquivos no cérebro ainda tivessem espaço e elasticidade suficientes.

Eu não poderia explicar aos meus vizinhos, se me pedissem, ou se eu quisesse, pois iriam rir e dizer: "*Caro uomo*, não se queixe tanto de sua profissão! Ela consiste em olhar e eventualmente descrever coisas alegres, e o senhor pode se sentir esforçado e diligente ao fazer isso, enquanto nós somos, para o senhor, aqueles que estão em férias, os preguiçosos, os curiosos. Realmente estamos de férias, senhor, estamos aqui para gozar, não exercer nossa profissão como o senhor. Nossa profissão não é tão bonita quanto a sua, *signore*, e se tivesse de exercê-la como nós um dia inteiro em nossas oficinas, lojas, fábricas e escritórios, estaria liquidado bem depressa."

Os meus vizinhos teriam toda razão. Mas não adianta, eu também penso ter razão. Mas digamos nossas verdades mútuas sem rancor, amavelmente, um pouco divertidos. Cada um apenas com desejo de se justificar um pouco, não de magoar o outro.

Seja como for, esses pensamentos, essas justificações e esses diálogos imaginários já traziam em si o começo do cansaço. Logo seria hora de voltar para casa e recuperar o descanso da tarde que fora perdido. Ah, quão poucas das belas imagens dessa meia hora tinham entrado no arquivo, salvando-se ali!

Quantas centenas, talvez as mais bonitas, tinham escapado de meus incapacitados olhos e ouvidos, sem deixar rastro, como aquelas outras que eu pensava poder ver e saborear!

Mas uma daquelas mil imagens permaneceu comigo, e entrará no meu livro de esboços para amigos.

Quase todo o tempo de minha permanência na *piazza* festiva esteve perto de mim uma figura calada, não a ouvi dizer uma palavra naquela meia hora, mal se mexeu, parava-se em singular solidão ou retraimento naquela agitação colorida, tranquila como uma pintura, e muito bela. Era uma criança, um menininho, tinha quando muito sete anos, uma linda figurinha com inocente rosto infantil, para mim o mais adorável rosto naquelas centenas de outros.

O menino estava fantasiado num traje preto, uma pequena cartola preta e em um de seus braços trazia uma minúscula escada de mão, uma vassoura de lareira, tudo cuidadosamente elaborado, e o rostinho comovente estava um pouco sujo de fuligem ou outra tinta. Mas ele não sabia de nada disso. Ao contrário de todos os adultos pierrôs, chineses, bandoleiros, mexicanos e burgueses antigos, e bem ao contrário das figuras que atuavam no palco, ele não tinha a menor consciência de estar fantasiado como limpador de chaminés, menos ainda de que isso era algo especial e divertido, e de que ele próprio ficava tão bem naqueles trajes.

Não: estava parado ali, pequeno e quieto em seu lugar, pezinhos metidos em sapatinhos marrons, a escadinha pintada de preto no ombro, rodeado pela multidão, que por vezes o empurrava um pouco sem notar. Ele ficava ali parado, assombrado, olhos sonhadores e deliciados, de um azul-claro no liso rosto infantil com bochechas pretas, e olhava para cima, para uma janela da casa junto da qual estávamos parados.

Lá na janela, por cima de nossas cabeças, reunia-se um divertido grupo de crianças um pouco maiores que ele, e riam, gritavam, empurravam-se umas às outras em fantasias coloridas, de vez em quando uma chuva de confete caía de suas mãos sobre nós.

Os olhos do menininho admiravam-nos cheios de unção e felicidade, estavam fascinados, nunca se saciavam daquilo, não podiam se desprender dali. Não havia desejo nesse olhar, nem ansiedade, apenas uma entrega admirada, uma felicidade grata. Não consegui reconhecer o que deixava aquela alma de menino assim assombrada, concedendo-lhe a felicidade de contemplar e ficar encantado.

Talvez fosse a pompa de cores das fantasias, ou a primeira visão da beleza de um rosto de menina, ou tratava-se de um solitário sem irmãos ouvindo a tagarelice das lindas crianças lá em cima, mas talvez os olhos de menino apenas se tivessem deixado fascinar e enfeitiçar por aquela chuva de cores que caía sobre nós, de tempos em tempos jogadas pelas mãos daqueles que ali no alto eram admirados, baixando sobre nossas cabeças e roupas e sobre o chão de pedra, que já recobria como uma areia fina.

Eu me sentia parecido com aquele menino. Assim como ele não sabia de si mesmo e dos atributos e das intenções de sua fantasia, nem da multidão, do teatro de palhaços e do povo que pulsava em ondas de riso e aplauso, entregue unicamente à visão daquela janela, também meu olhar e meu coração no meio daquela multidão de tantas imagens estava entregue apenas a uma imagem, aquele rosto de criança entre chapéu e roupas pretas, a sua inocência, a sua receptividade para o belo, toda aquela sua inconsciente felicidade.

(1953)

Escritos e escrever

EU TIVE UM SONHO: ESTAVA sentado num banco de escola fortemente riscado, e um professor que eu não conhecia ditava o tema de uma redação que eu tinha de escrever. O tema era:

ESCRITOS E ESCREVER

Fiquei sentado refletindo, lembrei algumas regras que um aluno devia seguir para compor essa pequena obra de arte: exposição, construção, estruturação; e depois, penso eu, fiquei muito tempo escrevendo com caneta-tinteiro num caderno escolar, mas ao despertar não conseguia lembrar o que escrevera, e não o recuperei mais. O que restara de meu sonho era apenas um banco escolar com seus riscos e beirada quebradiça, o caderno com linhas e a ordem do professor, e também agora, acordado, tive vontade de obedecer-lhe. Então, escrevi:

ESCRITOS E ESCREVER

Como o professor de meu sonho já não está aqui nem preciso recear a sua crítica, não planejo meu trabalho nem o divido em trechos regulares, entrego ao acaso a sua forma. Simplesmente aguardarei as imagens, as ideias e os conceitos, deixarei que venham como quiserem, e, *Homo ludens*, me distrairei, e a alguns amigos, do jeito que puder.

Com a palavra "escrever" penso primeiramente só em uma atividade humana mais ou menos intelectual, em pintar ou desenhar ou rabiscar letras ou hieroglifos, penso em literatura, em cartas, diários, contabilidade, línguas racionais indo-germânicas, ou ideográficas do Leste asiático. Certa vez o jovem Josef Knecht fez um poema a respeito disso.

Diferente coisa é a palavra "escritos". Não me lembra apenas de caneta, tinta, papel, pergaminho, cartas ou livros, mas da mesma forma rastros e sinais de outro tipo, "escritos" da natureza sobretudo, portanto imagens e formas que nascem longe do humano, sem intervenção de intelecto nem de vontade, mas que falam ao nosso espírito da existência de forças maiores e menores, que podemos "ler", e que se tornam sempre objeto da ciência e das artes.

Quando um menininho escreve letras e palavras na escola, não faz isso voluntariamente, nem quer dizer nada a ninguém ao escrever, mas deseja aproximar essas formas de um ideal inatingível mas poderoso: as belas, impecáveis, corretas e modelares letras que o professor escreveu magicamente na lousa, com uma perfeição inconcebível, terrível mas profundamente admirada. Chama-se a isso "modelo", e faz parte de tantos outros modelos de tipo moral, estético, intelectual e político, entre os quais nossa vida e nossa consciência joga e luta, cujo desprezo muitas vezes nos alegra muito e pode significar sucesso, mas cujo cumprimento, por mais que nos atormentemos, sempre é apenas uma aproximação forçada e tímida da imagem ideal na lousa. A letra do menino vai decepcionar a ele mesmo, e até no melhor dos casos nunca agradará inteiramente ao professor.

Quando não se sentindo observado, o aluno tenta riscar ou gravar seu nome na velha madeira ressequida da carteira escolar com seu canivetinho rombudo — trabalho monótono mas bonito com que ele se ocupa há semanas em momentos favoráveis —, isso é uma atividade bem diversa. É voluntário, é divertido, é secreto e proibido, não precisa obedecer regras nem recear uma crítica vinda de cima, e também significa alguma coisa, algo verdadeiro e importante, isto é, anunciar e perpetuar a existência e a vontade do menino.

Além disso trata-se de um combate, e, se for possível, uma vitória e triunfo, pois a madeira é dura e tem fibras duríssimas, apresenta obstáculos e dificuldades ao canivete, e a faquinha não é um pequeno objeto ideal, a lâmina meio frouxa, o fio pouco eficiente.

Também há uma grande dificuldade por esse trabalho tão audacioso quanto paciente não precisar se esconder apenas aos olhos do professor, mas disfarçar aos ouvidos dele os ruídos, como rascar e arranhar e golpear.

O resultado final dessa luta tenaz será totalmente diferente das linhas cobertas com letras feitas de má vontade no caderno. É cem vezes contemplado, é fonte de alegria, de contentamento e de orgulho. Vai durar, e informar gerações futuras sobre Friedrich ou Emil, dar-lhes motivo de reflexão e adivinhação, e vontade de realizar coisa semelhante.

No curso dos anos aprendi a conhecer muitas letras. Não sou grafólogo, mas a imagem gráfica de cartas e manuscritos em geral me dizia e significava algo. Há tipos e categorias que depois de alguma experiência se reconhece de imediato, às vezes já no sobrescrito no envelope. As letras de colegiais, por exemplo, são parecidas com as que vêm nas cartas que trazem algum pedido. As pessoas que pedem algo, uma única vez e em grave aflição, escrevem de modo bem diferente do que aquelas para quem escrever pedindo coisas se tornou um hábito, até um ofício.

Eu raramente me engano. Ah, e as letras trêmulas dos gravemente lesionados, os meio cegos, os paralíticos, dos que jazem em leitos de hospital com os preocupantes dados de sua temperatura marcados junto à cabeceira! Em suas cartas, o tremor ou a vacilação, o tropeçar das palavras e letras por vezes fala mais forte, clara e comoventemente do que todo o conteúdo.

E, em compensação, como me falam de maneira amiga e apaziguadora cartas escritas por gente bem velha mas com letra ainda sadia, enérgica e alegre! São muito raras essas cartas, mas existem, e podem vir de gente com noventa anos.

Das muitas letras que se tornaram queridas ou importantes para mim, a mais diferente de todas as demais no mundo era a de Alfred Kubin. Era tão bela quanto ilegível. Uma folha de carta sua era coberta de uma teia densa, instigante, graficamente muito interessante de traços, os rabiscos promissores de um desenhista genial. Não creio que jamais tenha podido decifrar todas as linhas de uma carta de Kubin, nem minha mulher jamais conseguiu isso.

Ficávamos satisfeitos se podíamos ler dois terços ou até três quartos do conteúdo de uma carta dele. E, vendo essas folhas, eu sempre pensava em trechos de quartetos de cordas em que, em alguns compassos, todos os quatro tocam simultaneamente como que embriagados, até que a linha, o traço vermelho, volte a se tornar nítido.

Conheço muitas letras bonitas e benfazejas, registro aqui a clássica e goethiana de Carossa, a pequena, fluente e inteligente de Thomas Mann, a bela letra cuidadosa e elegante de Freund Suhrkamp, a letra não muito legível mas vigorosa de Richard Benz.

É natural que as letras mais importantes e queridas tenham sido as de meus pais. Nunca vi alguém escrever com tamanha leveza de voo, tão sem esforço, de maneira tão solta e fluida e ao mesmo tempo tão regular e clara quanto minha mãe; para ela aquilo era fácil, a pena corria por si, ela e muitos leitores se divertiam com isso.

Meu pai não usava a letra alemã como minha mãe, escrevia à maneira romana, era um amante do latim, sua letra era séria, não voava nem saltitava, não corria como um regato ou uma fonte, as palavras eram separadas entre si com precisão, sentiam-se as pausas da reflexão e da escolha de vocábulos. Já quando jovem tomei como modelo sua maneira de escrever seu próprio nome.

Os grafólogos criaram uma técnica maravilhosa de interpretação da letra, aperfeiçoando-a quase até a exatidão. Não a estudei nem aprendi, mas em muitos casos, por vezes difíceis, vi sua força, e descobri também que por vezes o caráter dos grafólogos não está à altura de seus méritos como conhecedores da alma humana. Aliás também há letras ou números impressos em papel, papelão ou metal, ou sentenciados a perdurar em esmalte, fáceis de interpretar. Em registros oficiais, em cartazes de proibição, em placas de esmalte com números nos vagões de trem, por vezes admirei letras e números inventados e produzidos tão anêmicos, tão ruins, sem amor, sem vida, sem jogo, sem fantasia nem responsabilidade, que mesmo multiplicados em metal ou porcelana traíam despudoradamente a psicologia dos que os tinham inventado.

Eu disse anêmicos, pois vendo essas letras ruins sempre me ocorreu a frase de um livro famoso que li na minha juventude e naquele tempo me impressionou e enfeitiçou. Não lembro mais exatamente as palavras, mas penso que eram assim: "De tudo que foi escrito, prefiro o que alguém escreveu com seu próprio sangue." E diante daqueles fantasmas de letras burocráticos eu sempre tendia a concordar com aquela bela frase de alguém solitário e sofredor. Mas era só por alguns instantes.

A frase, e minha juvenil admiração por ela, vinha de um tempo de pouco sangue e nenhum heroísmo, sobre cuja beleza e nobreza aqueles que nele viveram sabiam menos do que algumas décadas depois. Tivemos de aprender que louvar o sangue também pode ser uma infâmia contra o espírito, e que as pessoas com entusiasmo retórico pelo sangue em geral não estão se referindo ao seu próprio, mas ao de outras pessoas.

Mas não é só o ser humano que escreve. Também se pode escrever sem mãos, sem caneta, pincel, papel ou pergaminho. O vento escreve, o mar, o rio e o regato, os animais escrevem, a terra escreve quando em algum lugar franze a testa e fecha o caminho de uma torrente, varre um pedaço de montanha ou uma cidade inteira.

Mas na verdade só o espírito humano tende a encarar tudo o que for obra de forças cegas como texto, como espírito objetivado.

Do delicado passo de ave de Mörike até o curso do Nilo ou do Amazonas e da hirta geleira que muda de forma com infinita lentidão, podemos sentir qualquer processo da natureza como texto, expressão, poema, epopeia ou drama.

Essa é a maneira dos devotos, das crianças e dos poetas, também dos verdadeiros eruditos, todos servos da "doce lei", como disse Stifter.

Eles não procuram explorar ou violentar a natureza, como os poderosos e violentos, nem rezam medrosamente para suas gigantescas forças: apenas querem contemplar, conhecer, assombrar-se, entender e amar. Se um poeta venera o oceano ou os Alpes, se um entomologista com microscópio observa a teia de linhas cristalinas na asa do menor inseto, é sempre o mesmo impulso e a tentativa de reunir como irmãos espírito e natureza.

Conscientemente ou não, por trás disso está sempre algo parecido com fé, uma concepção de Deus, a ideia de que o todo do mundo é conduzido e dirigido por um espírito, um deus, um cérebro semelhante ao nosso. Os servos da doce lei tornam-se assim familiarizados e amantes do mundo exterior, contemplando-o como texto, como anúncio do espírito, não importa se pensam que esse espírito do mundo foi criado segundo sua imagem ou vice-versa.

Sede louvados, maravilhosos textos da natureza, indescritivelmente belos na inocência de vossos jogos infantis, indescritível e indizivelmente belos e grandes também na inocência do aniquilamento e da morte!

Nenhum pincel de nenhum pintor jamais tocou a tela com tanto amor, emoção e delicadeza quanto o vento estival quando acaricia, penteia e faz assobiar o capim alto ou o campo de aveia, ou quando brinca com nuvenzinhas cor de asa de pombo fazendo-as flutuar em ciranda, e por um segundo acende em minúsculos arco-íris de luz as suas beiradas tênues. Como nos falam, nesses sinais, a transitoriedade e velocidade de toda a alegria, de toda a beleza, com seu encanto, sua branda melancolia, véus de Maia, a um tempo incorpóreos e afirmação de todo o ser!

E assim, como o grafólogo interpreta a letra de um humanista, um avarento, um perdulário, um valente ou um inibido, assim o pastor ou caçador lê e compreende os rastros da raposa, da lebre e da marta, reconhece qual sua espécie e família, constata se está bem, correndo em suas quatro patas, ou se algum ferimento ou a idade o prejudicam na corrida, se vaga ocioso ou se tem pressa.

Em lápides, monumentos e placas de homenagem, a mão humana escreveu com buril cauteloso nomes, louvores e cifras dos séculos e dos anos. Sua mensagem atinge filhos, netos e bisnetos e por vezes vai mais longe ainda. Lentamente a chuva vai lavando a pedra dura, lentamente as pegadas e legados de pássaros e caracóis e a poeira de muito longe vão deixando sua camada como nuvem baça sobre as superfícies, prendem-se nas ruínas fundas, atenuam suas formas nítidas e vão transformando a obra humana em obra da natureza, até que musgos e algas as recubram e preparem a doce lenta morte daquela bela imortalidade.

No Japão, que foi um dia uma terra exemplarmente devota, em mil florestas e gargantas apodrecem incontáveis obras de arte criadas por artistas, belos Budas quietos e contentes, belos Kwannons bondosos, belos monges zen cheios de veneração em todas as condições de desgaste, cochilando enquanto se tornam informes, milenares rostos de pedra com barbas e cabelos centenários de musgo, capim, flores e arbustos desgrenhados.

Um descendente devoto daqueles que aqui um dia rezaram e trouxeram vasos de flores recentemente reuniu em um belíssimo livro de fotos muitas dessas imagens; nunca recebi presente mais belo de sua terra com a qual tenho feito tantas trocas. Tudo o que foi escrito desaparece em breve ou longo tempo, em milênios ou minutos. O espírito do mundo lê todos os textos, lê também o apagamento de todos os textos, e ri.

Para nós é bom termos lido alguns deles e adivinhar o seu significado. O significado que se esquiva de toda a escrita mas mesmo assim é imanente a ela é sempre o mesmo.

Brinquei com ele em meu texto, tornei-o um pouco mais nítido ou nebuloso, não disse nada de novo nem era essa minha intenção. Muitos escritores e pessoas sensíveis já o disseram muitas vezes, sempre um pouco diferente, sempre com um pouco mais de alegria ou queixume, um pouco mais doce ou amarguradamente.

Podemos escolher vocábulos diferentes, construir e entrelaçar de modo diverso as nossas frases, ordenar e aplicar de outro modo as cores na paleta, pegar o lápis macio ou o mais duro — sempre há apenas uma coisa a dizer, o antigo, o tantas vezes dito, o tantas vezes tentado, o eterno.

Toda inovação é interessante, toda revolução nas línguas e nas artes é instigante, encantadores são todos os jogos dos artistas. O que eles querem dizer, o que vale a pena dizer mas nunca se pode dizer de todo, isso é eternamente uma coisa só.

(1961)

Lenda chinesa

Meng Hsie relata:

Quando ouviu que recentemente os jovens
artistas se exercitavam
em parar-se de cabeça para baixo
para experimentar uma nova
maneira de ver, Meng Hsie imediatamente
tentou a mesma coisa, e depois de fazer isso
por algum tempo disse a seus discípulos: "O mundo
parece novo e mais bonito se me ponho
de cabeça para baixo."

Isso se espalhou, e os mais novos
entre os jovens artistas vangloriavam-se
de confirmar em suas próprias tentativas
as palavras do velho mestre.

Como este fosse conhecido como pouco falador, e
educasse seus discípulos mais
pela existência e pelos exemplos
do que pela doutrina, cada uma de suas palavras
era levada em conta e divulgada.

Pouco depois que essa nova palavra
encantasse os novos, mas causasse estranheza
aos mais velhos, soube-se de nova frase
sua. Diziam que recentemente
ele se manifestara assim:

"Que bom que homem tenha duas pernas!
Parar-se de cabeça para baixo não é bom
para a saúde, e quando o que está de pernas
para o ar volta a endireitar-se, o mundo
lhe parece muito mais bonito!"

Os jovens de cabeça para baixo e os mandarins
ficaram bem chocados, sentindo que ele
zombava ou os traía.

"Hoje", disseram os mandarins, "Meng Hsie
diz uma coisa, e amanhã diz outra.
Mas não pode haver duas verdades.
Quem vai levar a sério esse velho
que ficou ignorante?"

Contaram ao Mestre o que os novos
e os mandarins diziam a seu respeito.
E ele apenas riu. E como lhe pedissem
alguma explicação, disse:

"Existe a realidade, meninos, e nada
nela se pode modificar. Mas verdades,
isto é, opiniões sobre o real,
expressas em palavras, são incontáveis, e cada uma
é ao mesmo tempo certa e inexata."

E os discípulos não conseguiram lhe arrancar,
por mais que tentassem,
qualquer outra explicação.

(1959)

Este livro foi composto na tipografia Palatino LT
Std em corpo 11,5/16,5, e impresso em
papel off-white no Sistema Cameron da
Divisão Gráfica da Distribuidora Record.